PROFESSOR ASTROKATZ UNIVERSUM OHNE GRENZEN

GESCHRIEBEN VON DR. DOMINIC WALLIMAN & BEN NEWMAN

ILLUSTRIERT VON BEN NEWMAN

Aus dem Englischen von Sylvia Prahl

Die Autoren möchten sich bedanken:

BEN NEWMAN

Dieses Buch ist meiner wundervollen Mama Kathy Newman gewidmet.
Danke, dass du meine kindliche Fantasie mit Geduld, Liebe und Comics angefeuert hast.

DR. DOMINIC WALLIMAN

Dieses Buch ist euch, den Leserinnen und Lesern, gewidmet.
Allein die Tatsache, dass ihr euch entschlossen habt, dieses Buch in die Hand zu nehmen, macht mich unglaublich glücklich.
Ich hoffe, ihr habt beim Lesen genauso viel Spaß, wie wir ihn beim Schreiben hatten.

Lektorat: Naomi Wolter
Übersetzung: Sylvia Prahl
Fachliche Beratung: Dr. Ralf Nemetschek
Druck und Bindung: OZGraf S. A., Polen
ISBN 978-3-314-10668-2
8., überarbeitete Auflage 2023
Die Originalausgabe erschien 2013 unter dem Titel
»Professor Astro Cat's Frontiers of Space«
bei Flying Eye Books, einem Imprint von Nobrow Ltd.
27 Westgate Street, London, E8 3RL.
Diese überarbeitete Ausgabe erschien bei Flying Eye Books 2022.

MIX
Papier | Fördert gute Waldnutzung
FSC® C163799

www.nord-sued.com
Bei Fragen, Wünschen oder Anregungen schreiben Sie bitte an:
info@nord-sued.com
Der NordSüd Verlag wird vom Bundesamt für Kultur mit einem
Strukturbeitrag für die Jahre 2021–2024 unterstützt.

INHALT

GILBERT
MARTHA
ERNIE
ASTROMAUS

Jeden Abend, wenn die Sonne hinter dem Horizont versinkt, zaubern ihre letzten Strahlen wunderschöne Farben an den Himmel. Diese Farben verschwinden, wenn die Nacht hereinbricht, und am dunklen, unergründlich wirkenden Himmel erscheint ein Bilderteppich aus »kleinen«, funkelnden Sternen. Wenn du zu diesen Sternen aufsiehst und in die Dunkelheit, die sie umgibt, siehst du das Größte, das es gibt: das Universum!

Aber wohin verschwindet die Sonne eigentlich nachts? Woraus sind die Sterne gemacht, und wie sind sie entstanden? Sind wir allein im Universum, oder könnte es sein, dass es auf einem weit entfernten Planeten einen Jungen oder ein Mädchen gibt, der oder die zum Himmel aufschaut und sich genau dieselben Fragen stellt?

Unser Universum ist so schwer fassbar, dass viele Wissenschaftlerinnen und Wissenschaftler ihr ganzes Leben damit zubringen, seine größten Geheimnisse zu lüften. Und es gibt noch viele ungelüftete Geheimnisse! Aber sei unbesorgt, **Professor Astrokatz** hilft dir weiter – schließlich bin ich einer der schlauesten Kater, die hier so herumstreunen. Also, mach die Schotten dicht, schnall dich an, es ist Zeit, abzuheben und einzutauchen in das **Universum ohne Grenzen**!

DAS UNIVERSUM

Eines wissen wir ganz genau: Das Universum ist wirklich, wirklich groß, denn es umfasst alle Sterne am Himmel und vieles, vieles mehr! Das Universum ist so groß, dass wir uns gar nicht sicher sein können, ob es überhaupt begrenzt ist. Stell dir vor: Wenn du in einem Raumschiff von der Erde losfliegen würdest, könntest du dein ganzes Leben lang unterwegs sein, ohne an seine Grenzen zu stoßen – so groß ist das Universum. Aber warte, lass uns von vorn anfangen: Wie ist das Universum entstanden?

Am Anfang war der Urknall: vor 13,8 Milliarden Jahren (13 799 000 000 Jahre)

377 000 Jahre nach dem Urknall: Erste stabile Atome entstehen, und Licht breitet sich ungehindert aus.

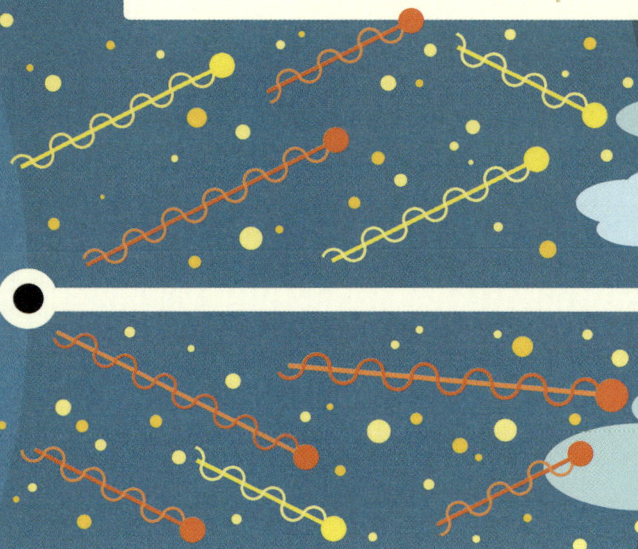

EIN KNALL!

Das Universum entstand vor 13,8 Milliarden Jahren mit dem sogenannten Urknall. Alles im Universum wurde in diesem Moment geschaffen: die Materie, aus der die Sterne und die Planeten bestehen, und die Energie, die sie umgibt. Sogar der Raum selbst und die Zeit entstanden beim Urknall. Niemand weiß, warum das passiert ist, und bis heute ist der Urknall für die Wissenschaft eines der größten Rätsel überhaupt!

INS LEBEN GEWIRBELT

Mit der Zeit dehnte sich das Universum immer weiter aus und nahm Form an. Aus der umherschwirrenden Energie entstanden kleine Teilchen, die sich nach ein paar hunderttausend Jahren zu Atomen zusammenschlossen. Atome sind die Grundbausteine von allem, was du im Universum sehen kannst. Ungefähr zur selben Zeit begann das Licht, sich ungehindert im Universum auszubreiten.

STERNE

Erst 200 Millionen Jahre später schlossen sich die Atome zu großen Wolken zusammen, in denen die Sterne der ersten Generation »geboren« wurden.

GALAXIEN

Die ersten Sterne schlossen sich zu Galaxien zusammen, und das Universum wurde allmählich zu dem, was wir heute am Nachthimmel sehen können. Das Universum breitet sich sogar in genau diesem Moment weiter aus – und es wird wahrscheinlich immer weiterwachsen!

200 Millionen Jahre (200 000 000 Jahre) nach dem Urknall: Die ersten Sterne entstehen.

500 Millionen Jahre (500 000 000 Jahre) nach dem Urknall: Erste Galaxien entstehen.

ASTRO-FAKT: Du kannst den Nachhall des Urknalls heute noch hören! Verstell einfach dein Radio: Eines von hundert Knackgeräuschen ist ein Überbleibsel von Licht aus der Zeit nach dem Urknall, das sich über Milliarden von Jahren zu Radiowellen ausgedehnt hat.

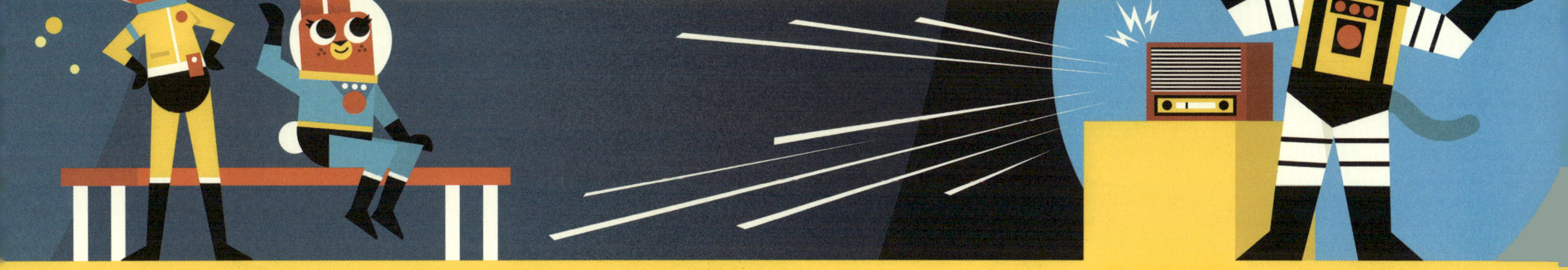

WIE EIN STERN ENTSTEHT

Du könntest denken, dass Sterne nur nachts zu sehen sind – aber unsere Sonne ist auch ein Stern, und die ist den ganzen Tag zu sehen! Die Sonne ist ein ziemlich normaler Stern. Ihre Temperatur und Helligkeit sind gleich geblieben, seit es Leben auf der Erde gibt. Alle anderen Sterne sind viel weiter entfernt als unsere Sonne, weshalb sie am Nachthimmel so klein aussehen. Wie sind sie entstanden?

GASWOLKEN

Die Sterne entstanden aus Wasserstoffgaswolken, die sich entweder nach dem Urknall gebildet hatten oder von früheren Sternexplosionen übrig waren.

AUFHEIZEN

Mit der Zeit zogen sich die Gaswolken unter der Wirkung ihrer eigenen Schwerkraft immer weiter zusammen und begannen, sich zu drehen und sich aufzuheizen.

BLITZSCHNELL

Das ging immer so weiter, bis sich das Gas so stark verdichtet und erhitzt hatte, dass es verschmelzen konnte. Und siehe da: Mit einem Lichtblitz war ein neuer Stern geboren.

HAUPTREIHENSTERN

Unsere Sonne ist, wie viele andere Sterne auch, ein Hauptreihenstern. Fast 90% aller sichtbaren Sterne sind Hauptreihensterne. Hauptreihensterne sind am wahrscheinlichsten von Planeten umgeben, auf denen Leben möglich ist.

RIESENSTERN

Riesensterne sind sehr groß, was bedeutet, dass sie sehr heiß und hell sind. Leider verfeuern sie ihre Energie dadurch sehr schnell und haben deshalb eine kürzere Lebensdauer als beispielsweise unsere Sonne.

ROTER ZWERG

Rote Zwerge sind kleiner als unsere Sonne und leben dafür unglaublich lange. Sie sind so klein, dass die Kernreaktion in ihrem Inneren sehr langsam und gleichmäßig vonstattengeht. Deshalb leben sie Hunderte Milliarden Jahre.

BRAUNER ZWERG

Braune Zwerge sind die kleinsten Sterne im Universum. Sie sind zu klein, um Wasserstoffkerne zu verschmelzen. Weil sie kaum Licht abgeben, sind sie nur schwer zu entdecken.

DIE GALAXIEN

Galaxien bestehen aus riesigen Ansammlungen von Sternen, die wie in einem gigantischen Weltraum-Whirlpool herumstrudeln. Unsere Galaxie ist die Milchstraße, und sie sieht ein bisschen aus wie ein Feuerrad. Zur Milchstraße gehören mehr Sterne, als irgendjemand jemals zählen könnte. Sie dreht sich fortwährend, aber sehr, sehr langsam. So langsam, dass sie für eine komplette Umdrehung 225 Millionen Jahre benötigt.

MILCHIGE STREIFEN AM HIMMEL

Mit bloßen Augen kannst du die Milchstraße am Nachthimmel sehen, wenn du aufs Land rausfährst, weit genug entfernt von den hellen Lichtern der Stadt. Dann siehst du einen milchigen Lichtstreifen, der sich über den Himmel erstreckt. Ziemlich hübsch anzusehen!

IN EINER WEIT ENTFERNTEN GALAXIE …

Außerhalb unserer Milchstraße gibt es noch viele weitere Galaxien, die alle aus unglaublich vielen Sternen bestehen. Sie haben unterschiedliche Formen und Größen, manche Galaxien drehen sich wie unsere eigene, andere sehen aus wie große, ausgebeulte Bälle, die an riesige Bienenschwärme erinnern. Die meisten Galaxien sind so weit entfernt, dass du sie nur mit einem großen Teleskop sehen kannst. Es gibt Galaxien, die sich so weit in den Weltraum erstrecken, wie wir mit dem leistungsstärksten Teleskop sehen können. Und ganz bestimmt gibt es dahinter noch mehr.

ANDROMEDA, BITTE MELDEN!

Die Andromeda-Galaxie ist die Spiralgalaxie, die der Milchstraße am nächsten ist: etwa 2,5 Millionen Lichtjahre entfernt. Das ist so weit, dass das Licht, das wir von ihr sehen, bereits 2,5 Millionen Jahre im Weltraum unterwegs war. Was bedeutet, dass wir die Andromeda-Galaxie so sehen, wie sie in grauer Vorzeit ausgesehen hat, lange bevor es Menschen auf der Erde gab!

AM RAND DES UNIVERSUMS

Je tiefer du in den Weltraum blickst, desto tiefer blickst du in die Vergangenheit: Die am weitesten von uns entfernte Galaxie, die wir entdeckt haben, ist demnach sehr, sehr alt. Sie heißt MACS0647-JD, und da sie am Rand des sichtbaren Universums liegt, sehen wir sie so, wie sie kurz nach dem Urknall ausgesehen hat.

LICHTGESCHWINDIGKEIT

Entfernungen im Weltall sind so groß, dass wir sie nicht in Meilen oder Kilometern messen, sondern in Lichtjahren!

Ein Lichtjahr ist die Strecke, die das Licht in einem Erdenjahr zurücklegt. Licht ist das Schnellste, was es gibt im Universum: Innerhalb kürzester Zeit legt es irrsinnig große Entfernungen zurück. Es ist so schnell, dass es in einer Sekunde die Erde siebeneinhalbmal umrunden kann!

DIE SONNE

Für das Leben auf der Erde ist die Sonne unerlässlich. Sie spendet uns und allen anderen Lebewesen Licht und Wärme. Die Sonne ist – ebenso wie andere Sterne, die weit entfernt von uns sind – wirklich gigantisch groß. Wenn sie hohl wäre, würde die Erde eine Million Mal in sie hineinpassen. Es ist schwer zu fassen, aber die Sonne ist ein riesiger Feuerball am Himmel – eine fortwährende Explosion.

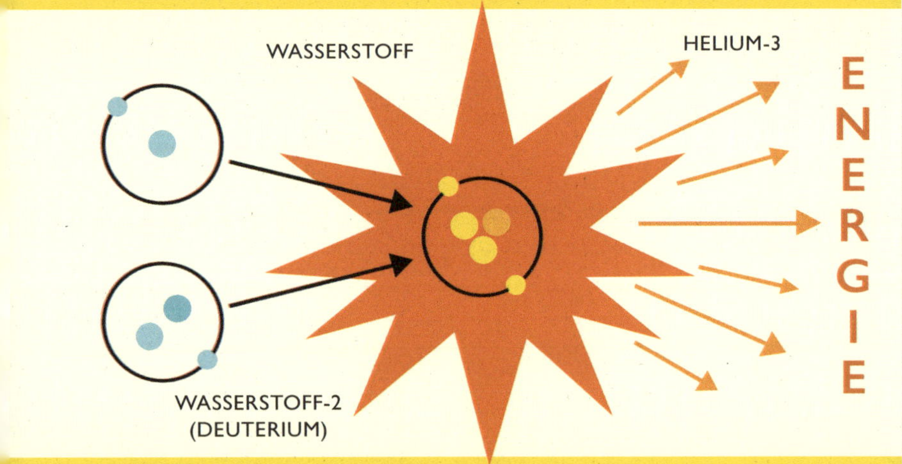

LICHT UND WÄRME

Das Licht und die Wärme, die die Sonne abgibt, entstehen bei einem Prozess namens Kernfusion. Durch den hohen Druck und die Hitze im Zentrum der Sonne verschmelzen Atomkerne miteinander, wobei sehr viel Energie freigesetzt wird. Die Sonne besteht aus sehr heißen Gasen, zu 74% aus Wasserstoff, zu 25% aus Helium und zu 1% aus anderen Elementen. Von Helium hast du vielleicht schon einmal gehört: Man füllt es in Ballons und bringt sie damit zum Schweben. Mit Wasserstoff ginge das auch, wird aber nicht gemacht, weil er hochexplosiv ist!

WUSSTEST DU SCHON?

Von der Oberfläche der Sonne bis zur Erde benötigt das Licht 8 Minuten und 20 Sekunden.

HEISSE SACHE

Die Sonne ist wirklich richtig heiß: 5500 Grad Celsius an ihrer Oberfläche und enorme 15 Millionen Grad Celsius in ihrem Kern.

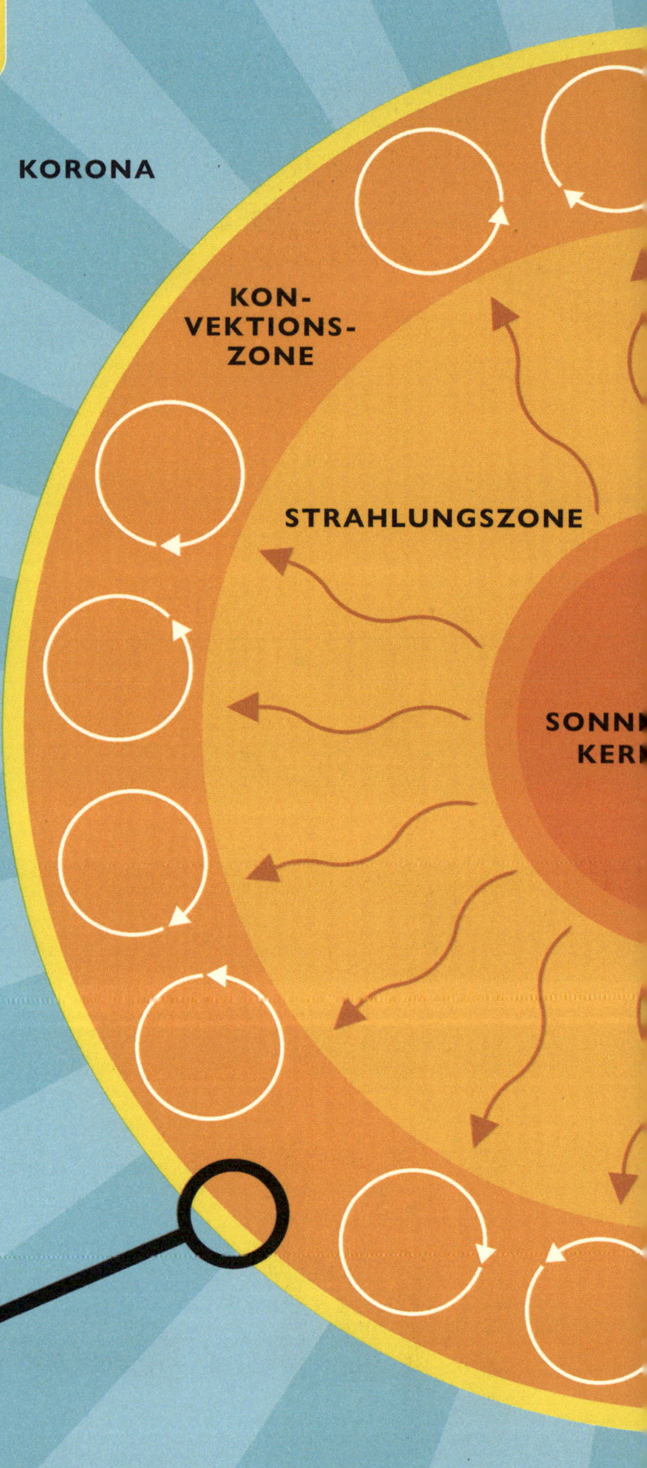

KORONA

Am heißesten ist die Sonne außerhalb ihrer Korona. Bei Sonneneruptionen können die Temperaturen dort bis zu 20 Millionen Grad Celsius erreichen! Das ist noch heißer als bei der Kernreaktion im Zentrum der Sonne! Die normale Temperatur an der Korona ist immerhin noch bis zu 2 Millionen Grad Celsius.

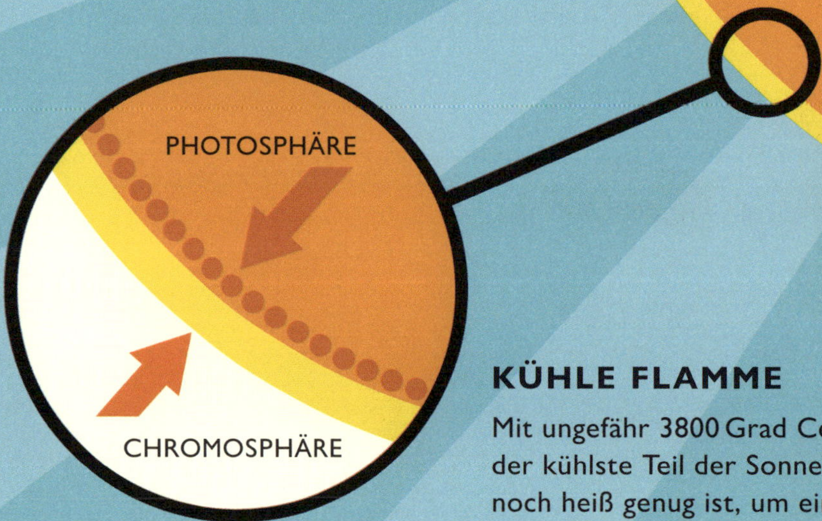

KÜHLE FLAMME

Mit ungefähr 3800 Grad Celsius ist die Chromosphäre der kühlste Teil der Sonne – wenngleich das immer noch heiß genug ist, um ein Raumschiff zum Schmelzen zu bringen.

AUCH STERNE HABEN PICKEL

Hin und wieder bekommt die Sonne Sonnenflecken. Das sind kühlere Stellen auf ihrer Oberfläche, die ihre Ursache in lokalen magnetischen Störungen haben. In der Nähe der Sonnenflecken kommt es immer wieder zu Sonneneruptionen, bei denen die Sonne viele Teilchen und starke Strahlung freisetzt.

WIE EIN KREISEL

Obwohl es aussieht, als wandere die Sonne täglich einmal über den Himmel, ist das eine Illusion. Tatsächlich bleibt sie, wo sie ist, stattdessen dreht sich die Erde einmal am Tag komplett um ihre Achse. Deshalb wirkt es, als ginge die Sonne auf und unter. Stell dich doch mal neben eine Lampe, und dreh dich ganz schnell – dann wirkt es, als würde die Lampe um dich herumfliegen.

SONNENWIND

Die Sonne gibt nicht nur Wärme und Licht, sie feuert auch jede Menge kleine Teilchen ab, aus denen »Sonnenwinde« entstehen. Vor den meisten dieser Teilchen schützt uns das Magnetfeld der Erde. Dieses unsichtbare Kraftfeld hält die Teilchen von uns fern.

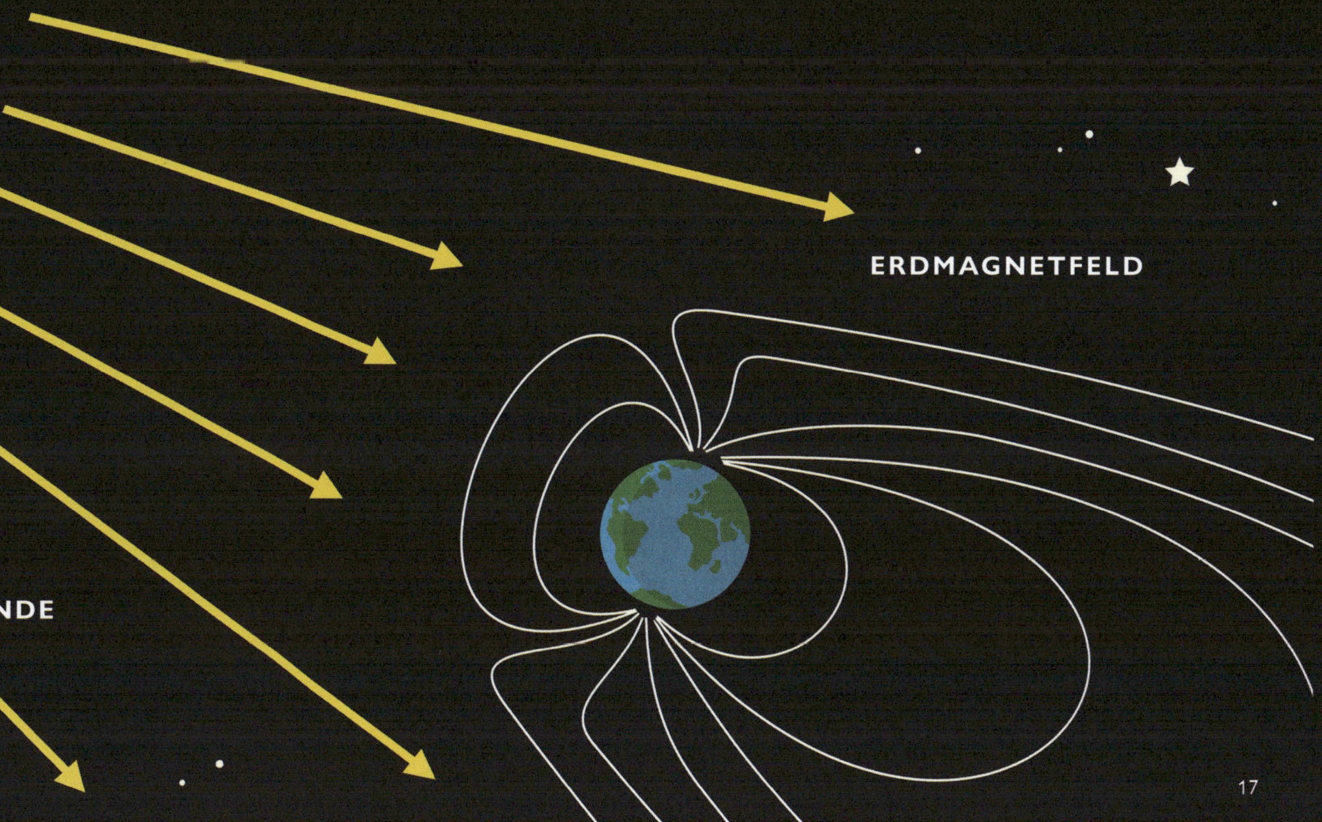

DAS SONNENSYSTEM

Unser Sonnensystem umfasst acht Planeten, die alle in derselben Richtung um die Sonne kreisen. Die Sonne ist der Mittelpunkt unseres Sonnensystems, und weil sie so groß ist, geht von ihr eine enorme Anziehungskraft aus, die alle Planeten dazu bringt, sich in gewaltigen Kreisen um sie herum zu bewegen. Diese Kreise heißen Umlaufbahnen.
Die Anziehungskraft ist wie ein unsichtbares Seil, mit der die Sonne die Planeten festhält und sie davon abhält, unkontrolliert durch den Weltraum zu fliegen.

ERDÄHNLICHE PLANETEN

Die vier der Sonne am nächsten stehenden Planeten bestehen aus Gestein und Metallen. Sie heißen erdähnliche oder terrestrische Planeten. Ihre Oberflächen sind fest, sodass du auf ihnen laufen könntest.

Wenn die Erde eine Kirschtomate wäre, welche Größe hätten dann all die anderen Planeten? Logischerweise lägen sie nicht so nah beieinander wie hier auf dem Bild. Aber wenn du dir vorstellst, dass die Kirschtomate, die du gerade in der Hand hältst, die Erde ist, dann hätte die Sonne einen Durchmesser von vier Metern. Das ist größer als das Rad eines Lastwagens!

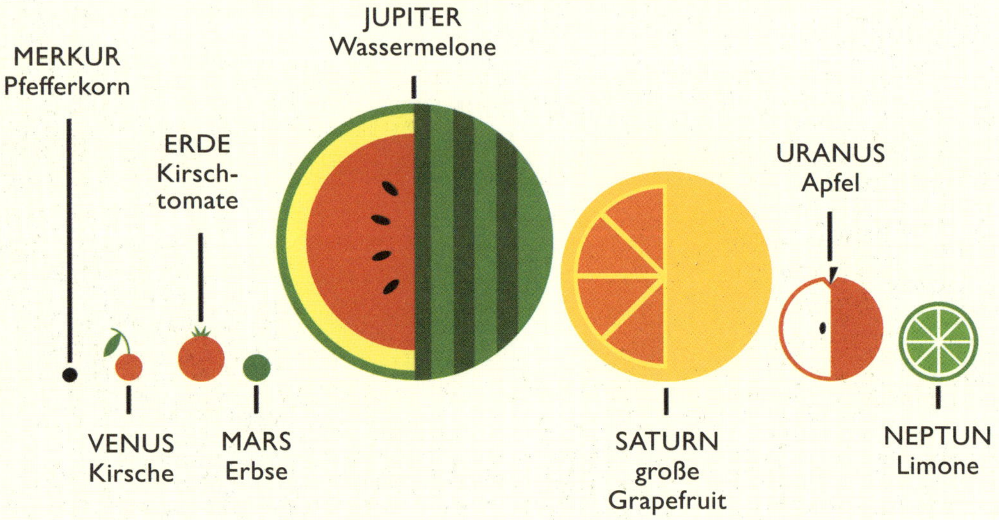

ASTEROIDENGÜRTEL

Zwischen Mars und Jupiter liegt der sogenannte Asteroidengürtel. Asteroiden bestehen aus Gestein und Metallen, sind aber viel kleiner als Planeten. Vor Milliarden Jahren, bevor die Planeten entstanden sind, sah das gesamte Sonnensystem aus wie der Asteroidengürtel. Doch mit der Zeit schlossen sich die Asteroiden zusammen, und aus ihnen entstanden die Planeten. Astronomen nehmen an, dass die gewaltige Anziehungskraft des Jupiters die Asteroiden davon abhielt, sich zusammenzuschließen.
Wenn dem so ist, ist der Asteroidengürtel ein Planet, der sich nicht formen konnte.

GASPLANETEN

Die vier Planeten, die von der Sonne am weitesten entfernt sind, bestehen alle aus Gas. Wenn du also versuchen würdest, sie zu betreten, würdest du direkt durch sie hindurchfallen. Diese vier »Gasriesen« sind alle viel, viel größer als die terrestrischen Planeten. Außerdem ist der Abstand zwischen ihnen viel größer

PLUTO, DER ZWERGPLANET

Lange wurde angenommen, dass der entfernteste Planet in unserem Sonnensystem Pluto wäre. Er liegt noch hinter Neptun, in einem Bereich namens Kuipergürtel. Im Jahr 2006 beschlossen Wissenschaftler aber, Pluto nicht mehr zu den Planeten zu zählen, sondern nur noch zu den »Zwergplaneten«, da sie im Kuipergürtel weitere Objekte entdeckt haben, die ähnlich groß sind wie Pluto – wie Eris, ein Zwergplanet, der 2005 entdeckt wurde.

DIE ERDE

Unser Zuhause im Universum ist ein blauer und grüner Gesteinsball namens Erde. Die Erde beherbergt alle Arten von Leben, die jemals entdeckt wurden – ein fantastisches und vielfältiges Leben!

Es gibt gute Gründe dafür, dass auf der Erde so viele unterschiedliche Pflanzen und Tiere leben: Die Voraussetzungen dafür sind eben genau richtig. Wie Goldlöckchen, das im Märchen »Goldlöckchen und die drei Bären« seinen Haferbrei nicht zu heiß und auch nicht zu kalt essen mag, mögen es Pflanzen und Tiere auch nicht zu heiß oder zu kalt. Da die Erde genau im richtigen Abstand zur Sonne kreist, sind hier die Temperaturen für das Wachsen und Gedeihen allen Lebens auch genau richtig. Deshalb nennt man diesen Bereich die habitable, also bewohnbare Zone. Im englischen Sprachgebrauch ist auch von der Goldlöckchen-Zone die Rede.

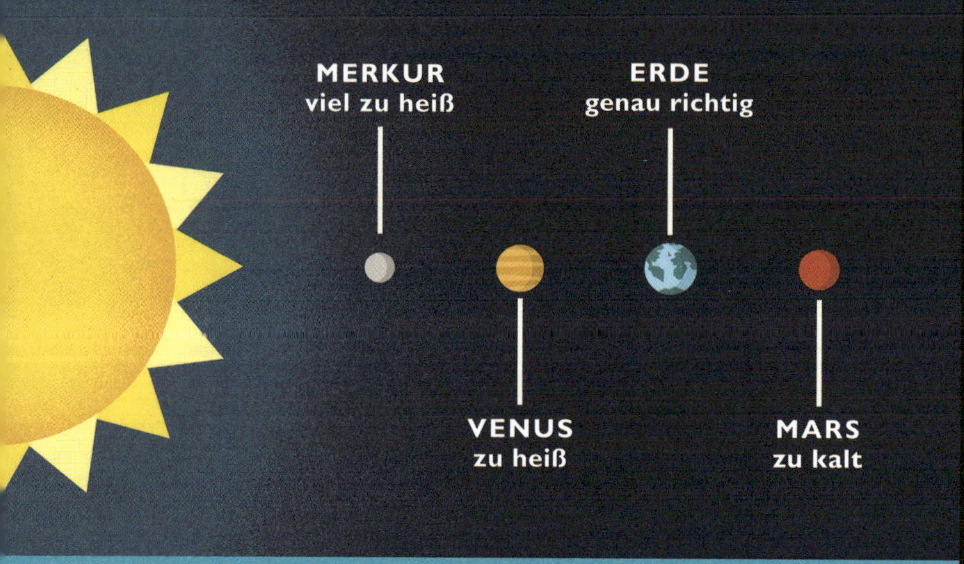

DIE GOLDLÖCKCHEN-ZONE

Die Erde ist der einzige Planet in unserem Sonnensystem, auf dem es genügend flüssiges Wasser gibt – das ist lebenswichtig. Wären wir zu nah an der Sonne, würde alles Wasser verdampfen, und überall wäre es so trocken wie in einer Wüste. Wären wir zu weit von der Sonne entfernt, würde alles Wasser gefrieren, und es wäre überall so kalt wie am Nordpol. Die Erde befindet sich genau im richtigen Abstand zur Sonne: der Goldlöckchen-Zone.

DIE ATMOSPHÄRE

Die Luftschicht, die die Erde umgibt, heißt Atmosphäre. Sie umhüllt die Erde wie eine Decke, die uns vor den Gefahren des Weltalls beschützt. Denn obwohl die Sonne Wärme und Licht spendet, können ihre Strahlen uns auch schaden. Deshalb cremen wir uns im Sommer mit Sonnencreme ein, um keinen Sonnenbrand zu bekommen. Die Atmosphäre schützt uns vor den meisten dieser schädlichen Sonnenstrahlen und sorgt gleichzeitig dafür, dass die Erde nicht auskühlt und die Temperaturen auf der Erde stabil sind.

GLOBALE ERDERWÄRMUNG

Die Gase, die wir Menschen in den vergangenen Jahrzehnten mit Kraftwerken und Autos oder durch die Abholzung der Wälder in die Luft gepustet haben, lassen die Erde wie unter einer dicken Decke immer wärmer werden. Diese globale Erderwärmung bringt die Polarkappen zum Schmelzen, und das sorgt für die Anhebung des Meeresspiegels. Das sind schlechte Nachrichten – für die Erde und uns!

DIE ERDUMLAUFBAHN

Die Erde umkreist die Sonne mit einer ungeheuren Geschwindigkeit: 1800 Kilometer in der Minute. Trotz dieses Tempos braucht sie ein ganzes Jahr, um die Sonne einmal zu umrunden.

DIE JAHRESZEITEN

Auf der Erde gibt es Jahreszeiten, weil ihre Achse geneigt ist. Anstatt sich aufrecht wie ein Kreisel auf ihrer Umlaufbahn zu drehen, dreht sie sich in leicht gekippter Stellung um die Sonne. Auf dem Teil der Erde, der gerade der Sonne zugeneigt ist, steht die Sonne hoch am Himmel, die Tage sind lang und es ist angenehm warm: Es ist Sommer. Auf dem Teil, der gerade weiter entfernt von der Sonne ist, steht die Sonne niedrig, die Tage sind kürzer und es ist kalt: Es ist Winter.

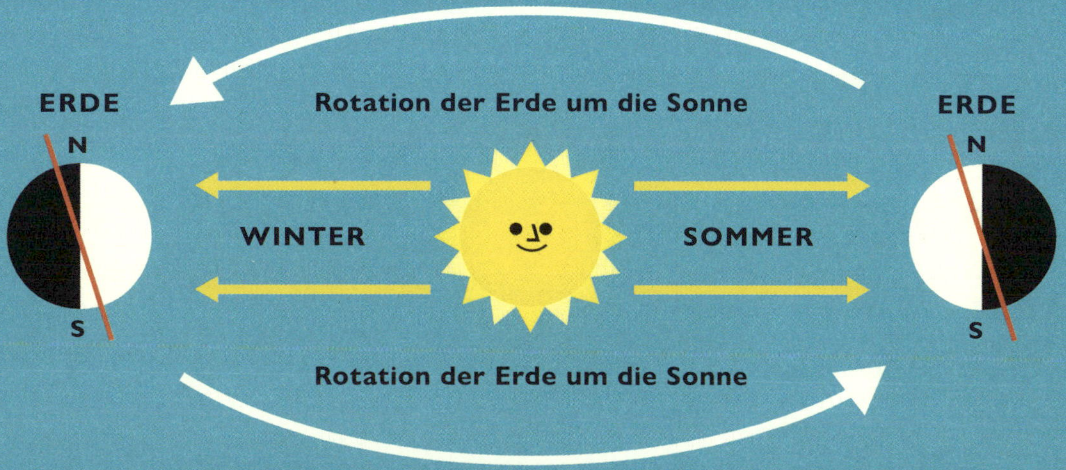

Das oben gezeigte Bild gilt für die Nordhalbkugel. Auf der Südhalbkugel sind die Jahreszeiten entgegengesetzt. An Weihnachten ist in Australien Sommer.

ERDANZIEHUNGSKRAFT

Obwohl sich die Erde fortwährend dreht, während sie durchs Weltall düst, spüren wir nichts davon. Das liegt an der Erdanziehungskraft, die uns am Boden hält. Diese auch Schwerkraft oder Gravitation genannte Kraft wirkt wie ein unsichtbares, elastisches Band und verhindert, dass wir einfach so durch die Gegend purzeln oder ins All entschweben. Selbst wenn du ganz hoch in die Luft springst, wirst du immer wieder herunterkommen.
Die Schwerkraft wirkt überall! Sie ist auch die Kraft, die verhindert, dass die Luft einfach so ins All verduftet – das ist gut so, denn wir brauchen Luft zum Atmen. Außerdem bringt die Schwerkraft den Mond dazu, um die Erde zu kreisen, und die Erde um die Sonne. Tatsächlich hält die Schwerkraft das gesamte Universum zusammen.

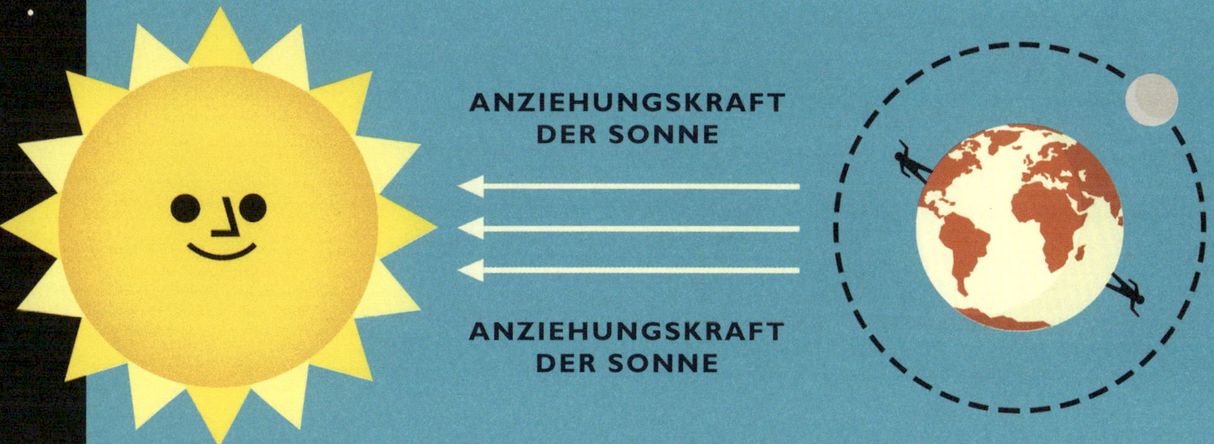

DER MOND

Der Mond ist unser nächster Nachbar im Weltraum. Er ist ein massiver Gesteinsball, der vermutlich entstand, als die Erde vor Milliarden Jahren mit einem anderen Planeten zusammengestoßen ist. Nun gleitet er gelassen um die Erde und ist ein verlässlicher Gefährte am Himmel.
Immer wenn wir zum Mond hinaufschauen, sehen wir dieselbe Seite von ihm. Das liegt daran, dass seine Drehgeschwindigkeit mit der Zeit durch die Gezeitenkräfte abgenommen hat. Deshalb bekommen wir die Rückseite des Mondes nie zu Gesicht. Die Menschen wollten schon immer wissen, wie die erdabgewandte Seite des Mondes aussieht. Erst im Jahr 1959 hat eine russische Raumsonde dieses Geheimnis gelüftet. Die Luna 3 flog hinter den Mond und schoss ein paar Fotos. Die Rückseite des Mondes ist sehr viel rauer als seine Vorderseite und hat mehr Krater.

IST DER MOND AUS KÄSE?

Die verkraterte Mondoberfläche sieht ein bisschen aus wie ein Stück Schweizer Käse! Aber sie besteht aus den gleichen Elementen wie das Gestein hier auf der Erde: aus Sand und Metallen.

DIE UMLAUFBAHN DES MONDES

Der Mond benötigt ungefähr 27,5 Tage, um die Erde einmal zu umrunden, was in etwa einem Monat entspricht. Wissenschaftlerinnen und Wissenschaftler haben entdeckt, dass sich der Mond jedes Jahr fast 4 Zentimeter von uns entfernt. Das ist verglichen mit anderen Entfernungen im All so wenig, dass wir mit bloßem Auge erst in vielen Jahren merken würden, dass der Mond am Himmel »geschrumpft« ist.

Unser Mond ist viel, viel kleiner als die Erde: Er würde 50-mal in die Erde hineinpassen!

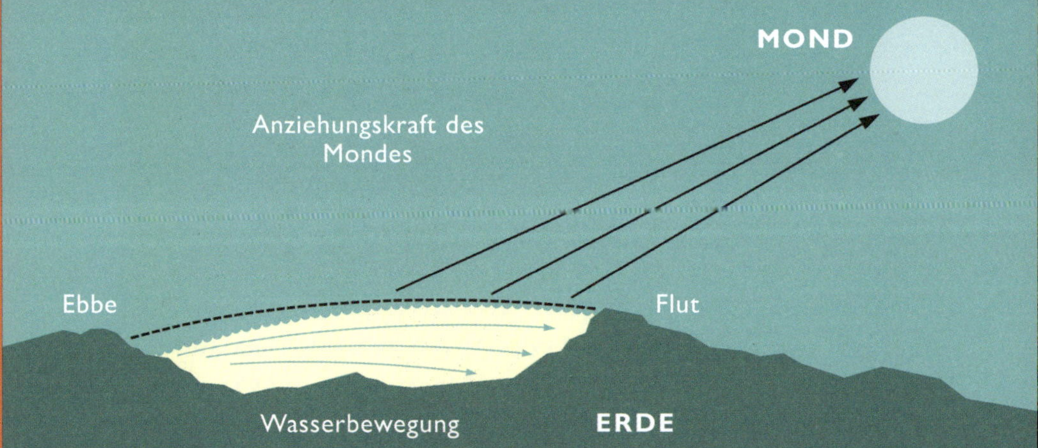

DER MOND UND DIE GEZEITEN AUF DER ERDE

Trotz seiner Entfernung hat der Mond großen Einfluss auf die Erde: Seine Anziehungskraft lässt Ebbe und Flut entstehen. Er bringt die Ozeane auf der Erde dazu, sich auf der ihm zu- und abgewandten Seite aufzuwölben und Gezeitenberge zu bilden. Weil die Erde sich aber unter diesen Flutwellen hindurchdreht, sieht es aus, als würde sich der Wasserspiegel heben oder senken. So entstehen an den Küsten abwechselnd Ebbe und Flut. Würde der Mond nicht um die Erde kreisen, hätten wir genau alle 12 Stunden Flut. Da er sich aber in der Zwischenzeit weiterbewegt, dauert es etwas länger. Die Sonne hat mit ihrer Anziehungskraft auch Einfluss auf die Gezeiten, und wenn Sonne und Mond auf einer Linie zur Erde liegen, ist die Flut besonders hoch.

DER MOND HAT VIELE GESICHTER

Es wirkt so, als würde der Mond im Laufe eines Monats seine Form verändern, vom Vollmond zum Halbmond zu einer Sichel und wieder zurück. Das liegt daran, dass die Sonne im Laufe eines Monats unterschiedliche Teile des Mondes anstrahlt. In Wirklichkeit sehen wir also, wie es auf Teilen des Mondes gerade Nacht, also dunkel, ist.

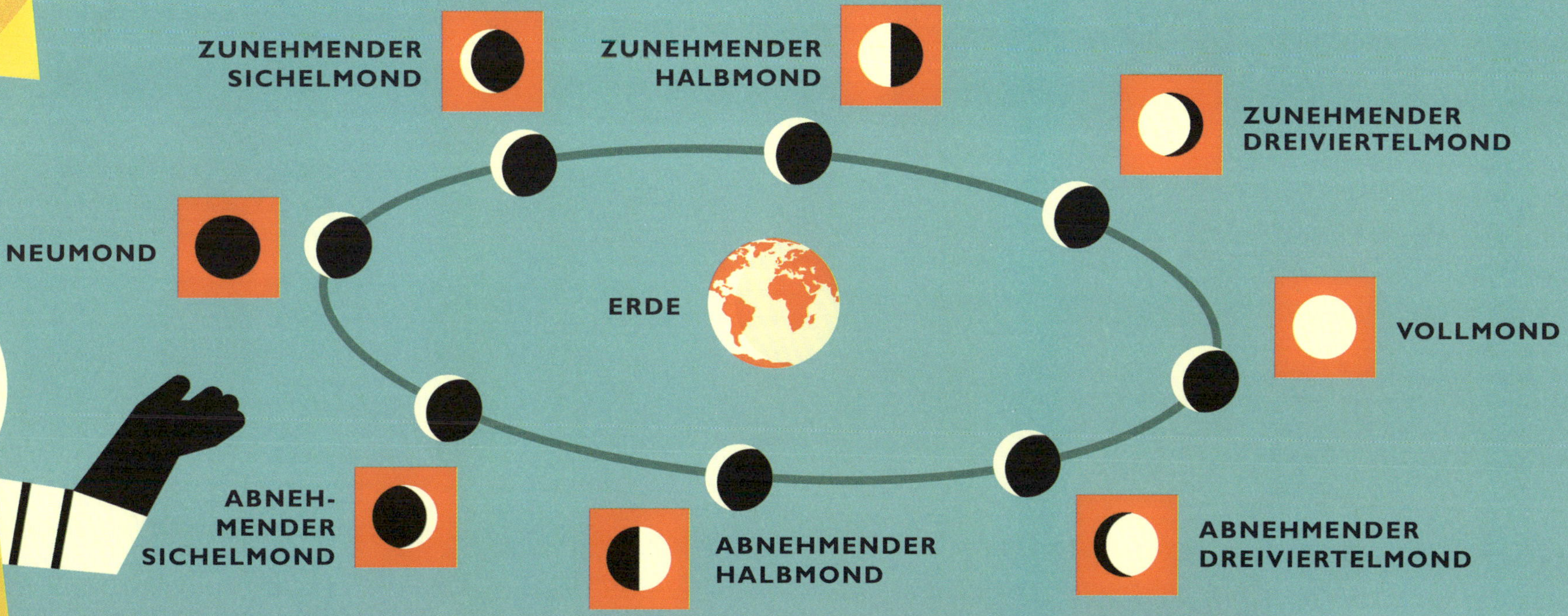

FINSTERNISSE

Von der Erde aus gesehen, wirken Sonne und Mond gleich groß. Das ist ein erstaunlicher Zufall, denn in Wahrheit ist die Sonne viel, viel größer – liegt aber auch viel, viel weiter von uns entfernt. Manchmal kommt es vor, dass sich Sonne und Mond von der Erde aus gesehen in einer Linie befinden. Dann schiebt sich der Mond vor die Sonne, verdeckt sie völlig und wirft einen Schatten auf die Erde. Das ist eine Sonnenfinsternis. Mit einer Mondfinsternis haben wir es zu tun, wenn sich der Schatten der Erde über den Mond schiebt. Der sonst so helle Mond leuchtet dann für mehrere Stunden dunkelrot.

VORSICHT!

Wenn sich bei einer totalen Sonnenfinsternis der Mond vor die Sonne schiebt, wird es am helllichten Tag plötzlich kühl und dunkel. Der Mond deckt die Sonne für siebeneinhalb Minuten komplett ab, bevor er sich weiterschiebt und die Sonnenstrahlen wieder ungehindert auf die Erde strahlen können. Solltest du jemals eine Sonnenfinsternis miterleben, denk daran, niemals direkt in die Sonne zu schauen – sie ist so hell, dass sie deinen Augen schaden kann.

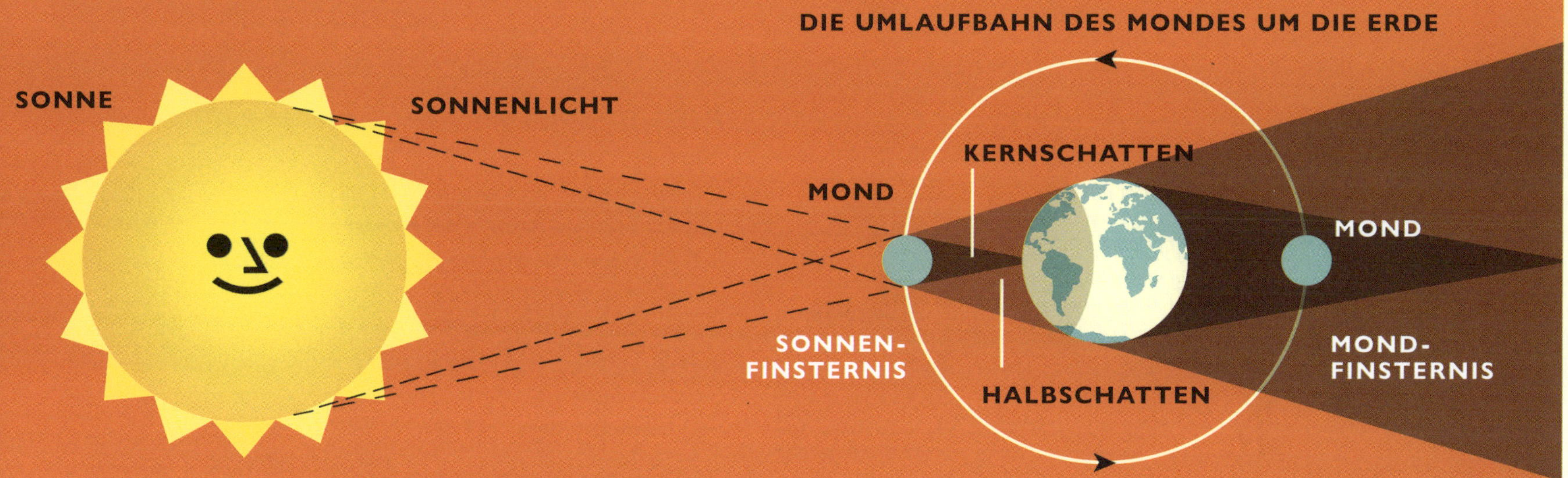

Totale Sonnenfinsternis

Der Mond verdeckt die Sonne komplett.

Ringförmige Sonnenfinsternis

Der Mond befindet sich direkt vor der Sonne, deckt sie aber nicht völlig ab.

Partielle Sonnenfinsternis

Der Mond deckt einen Teil der Sonne ab.

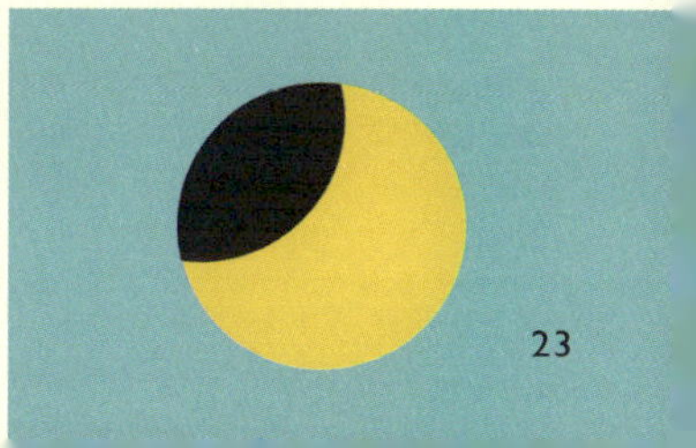

FRÜHE RAUMFAHRT

Lange Zeit wollte die Menschheit herausfinden, wie es wohl wäre, den Weltraum zu bereisen. Die ersten Lebewesen, die das taten, waren keine Menschen, sondern Tiere. Die ersten Tiere im Weltall waren Fruchtfliegen. Das war 1947. Danach versuchten US-amerikanische und russische Wissenschaftler, größere Tiere ins All zu schicken, um herauszufinden, ob auch Menschen zu den Sternen fliegen könnten. Ohne es zu wissen, gaben diese tapferen Tiere ihr Leben für die Wissenschaft.

LAIKA, DIE HÜNDIN

Das erste Tier, das die Erde einmal ganz umrundet hat, war eine Straßenhündin aus Moskau: Laika. Ihr Flug an Bord eines sowjetischen Raumfahrzeugs machte sie schlagartig berühmt.

ALBERT II.

Der erste Primat im Weltall war ein Rhesusaffe namens Albert II. Er wurde von der US-Luftwaffe ins All geschickt. Dieses Experiment war besonders wichtig, weil Affen unsere nächsten Verwandten im Tierreich sind. So konnten die Wissenschaftler ihre Schlüsse ziehen, wie es uns Menschen im All ergehen würde.

JURI GAGARIN

1961 wurde der Traum vom Flug ins All für einen Mann Wirklichkeit: Der Kosmonaut Juri Gagarin wurde mit seinem kleinen Raumschiff Wostok I von einer riesigen sowjetischen Rakete ins All geschossen. Nachdem er die Erde einmal umflogen hatte, landete er sicher wieder zu Hause in Russland. Er war der erste Mensch im All! Seither sind viele in seine Fußstapfen getreten: Sie umkreisten die Erde, besuchten Raumstationen – und landeten sogar auf dem Mond!

SO FUNKTIONIERT EINE RAKETE

Der Treibstoff, mit dem Raketen ins All befördert werden, setzt bei der Zündung Gase frei. Diese Gase schießen so schnell aus der Rakete hervor, dass sie einen enormen Schub bekommt und abhebt. Je mehr Gase freigesetzt werden und je heißer sie sind, desto schneller fliegt die Rakete. Das ist wie ein Ritt auf einer kontrollierten Explosion!

RAKETENLUFTBALLON

Wenn du aus einem aufgepusteten Luftballon die Luft herauslässt, passiert dasselbe. Die Wände des Ballons ziehen sich zusammen, wodurch die Luft zum Loch hin gepresst wird. Lässt du den Ballon los, bringt die herausschießende Luft den Ballon dazu, vorwärtszufliegen.

Bei einer Rakete wird dieser Druck nicht von den sich zusammenziehenden Wänden erzeugt, sondern von den Triebwerken. In ihnen wird Raketentreibstoff mit flüssigem Sauerstoff vermischt und entzündet. Die dabei entstandenen heißen Gase schießen dann mit großer Geschwindigkeit aus den Schubdüsen. Huuuuui!

Die ausströmende Luft treibt den Ballon vorwärts.

AUF DEM WEG ZUM MOND

Am 16. Juli 1969 kletterten Buzz Aldrin, Neil Armstrong und Michael Collins gut vorbereitet für die vor ihnen liegende Mission in die Raumkapsel im oberen Teil einer riesigen Rakete der Apollo-11-Raumfahrtmission und wurden vom Kennedy Space Center auf Merritt Island in Florida, USA, mit Überschallgeschwindigkeit ins All befördert.

Drei Tage später erreichte das Apollo-11-Raumschiff den Mond und zündete seine Bremsrakete, um in die Mondumlaufbahn zu gelangen. Am nächsten Tag, dem 20. Juli, quetschten sich Neil Armstrong und Buzz Aldrin in die Mondlandefähre und flogen zur Mondoberfläche. Michael Collins blieb zurück und umkreiste im Kommandomodul den Mond. Mit Buzz' Hilfe setzte Neil das Mondlandefahrzeug auf dem Mond auf. Es schoss ein Stück über den geplanten Landepunkt hinaus, landete aber sicher, obwohl der Treibstoff gefährlich knapp wurde.

Am 21. Juli setzte Neil Armstrong zuerst seinen linken Fuß auf die Oberfläche des Mondes und war damit der erste Mensch, der jemals einen anderen Himmelskörper betreten hat. Neil und Buzz untersuchten die Mondoberfläche, sammelten Gestein und nahmen Bodenproben. Sie installierten wissenschaftliche Geräte, mit denen Mondbeben gemessen werden konnten, machten jede Menge Fotos und hissten die US-amerikanische Flagge.

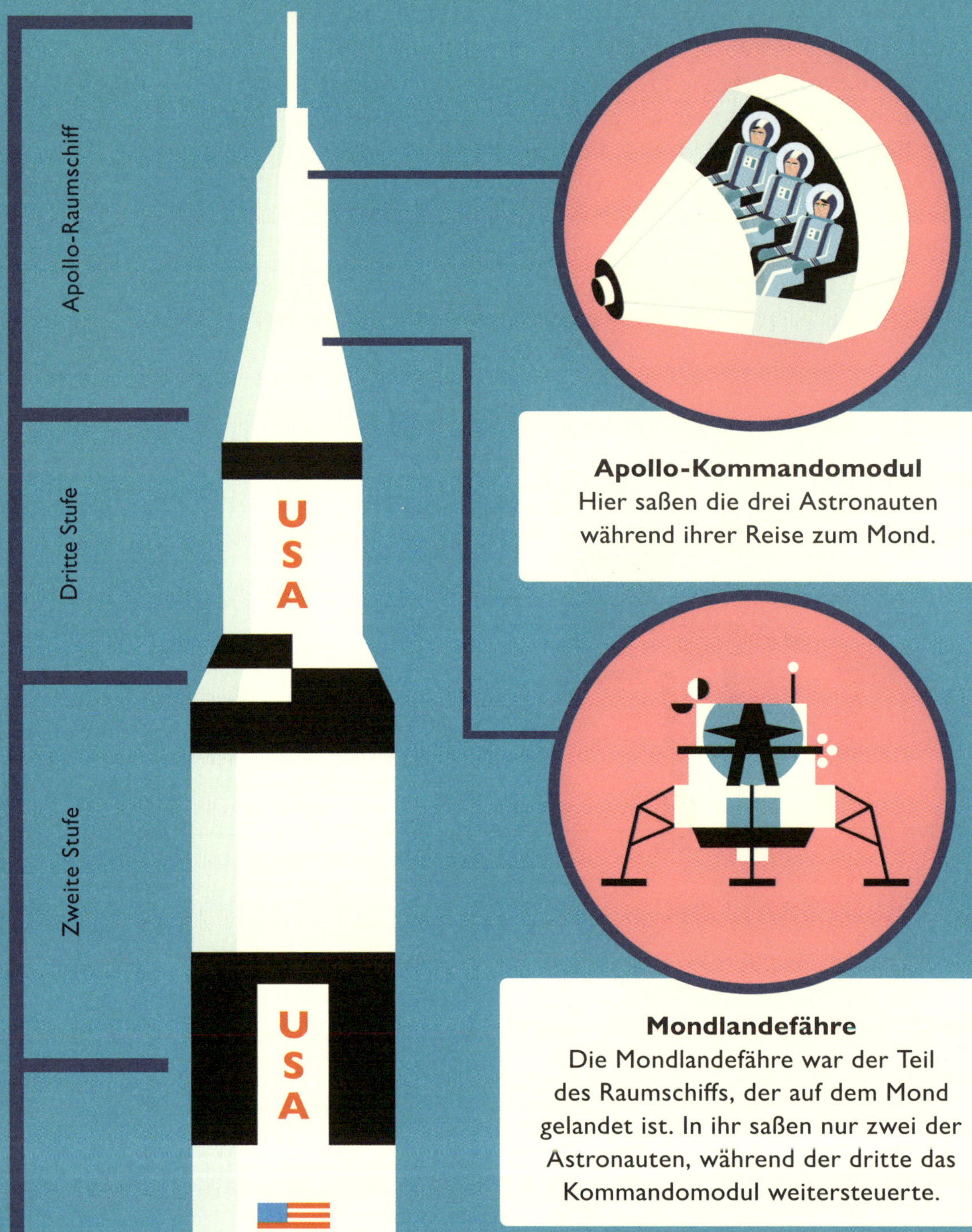

Apollo-Kommandomodul
Hier saßen die drei Astronauten während ihrer Reise zum Mond.

Mondlandefähre
Die Mondlandefähre war der Teil des Raumschiffs, der auf dem Mond gelandet ist. In ihr saßen nur zwei der Astronauten, während der dritte das Kommandomodul weitersteuerte.

HÖHER, SCHNELLER, WEITER

Das Apollo-Raumschiff wurde von einer dreistufigen Trägerrakete namens Saturn V ins All geschossen. Um das Raumschiff außerhalb der Erdanziehungskraft ins All zu befördern, musste diese Rakete besonders antriebsstark sein. Sie war in drei Stufen unterteilt, die nacheinander zum Einsatz kamen. Als der erste Treibstofftank leer wa wurde er abgeworfen, damit kein unnötiges Gewicht weiter beschleunigt werden musst und der Treibstoff der nächsten Stufe effizienter eingesetzt werden konnte. Nachdem der dritte Tank abgeworfen war, hatte die Saturn V ihre Aufgabe erledigt, und das Apollo-Raumschiff nahm Kurs auf den Monc

DIE REISE ZUM MOND

Die erste erfolgreiche Landung auf dem Mond fand 1969 statt. Die drei Astronauten der Raumfahrtmission Apollo 11 benötigten dafür drei Tage.

1. Die erste Stufe der Rakete wird abgeworfen, und die zweite wird gezündet, um in die Erdumlaufbahn zu gelangen.
2. Die zweite Stufe der Rakete wird abgeworfen, und die dritte wird gezündet.
3. Das Raumschiff löst sich von der dritten Stufe der Rakete.
4. Das Raumschiff dreht sich in Richtung Mondlandefähre, um sie aus der Halterung zu lösen.

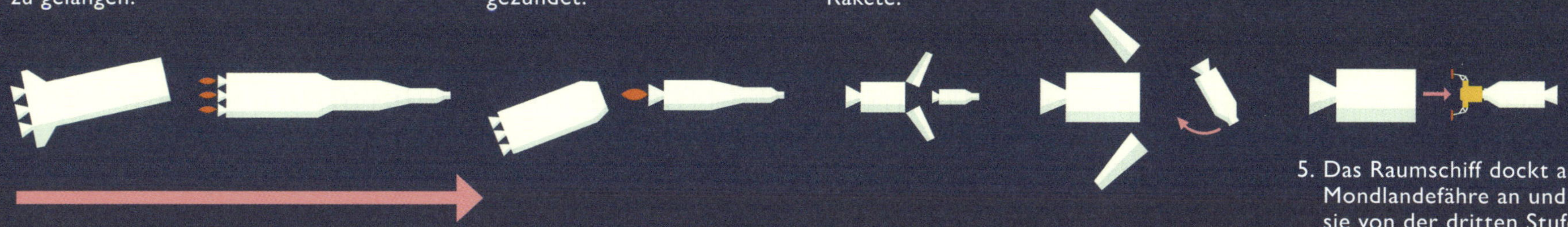

5. Das Raumschiff dockt an die Mondlandefähre an und löst sie von der dritten Stufe der Rakete.

Die blaue Linie zeigt die Reiseroute von der Erde zum Mond. Die gelbe Linie zeigt den Rückweg vom Mond auf die sichere Erde.

Damit die Apollo-11-Rakete schnell genug war, um der Erdanziehungskraft zu entkommen, musste sie die Erde einmal komplett umrunden. Das hatte einen Katapulteffekt und schleuderte das Raumschiff mit unglaublicher Geschwindigkeit in Richtung Mond.

6. Zwei Astronauten besteigen die Mondlandefähre und lenken sie zur Mondoberfläche. Ein Astronaut bleibt an Bord des Raumschiffs, um es zu navigieren.
7. Die Astronauten erkunden den Mond und sammeln Gesteinsproben, damit sie auf der Erde untersucht werden können.
8. Die Mondlandefähre ist ebenfalls mit Raketen bestückt, damit sie den Mond wieder verlassen kann.
9. Die Mondlandefähre dockt wieder an das Raumschiff an, die beiden Astronauten klettern an Bord des Kommandomoduls.
10. Die leere Mondlandefähre wird im All zurückgelassen.
11. Das Kommandomodul löst sich vom Raumschiff und tritt in die Erdumlaufbahn ein.
12. Beim Eintritt in die Erdatmosphäre wird das Kommandomodul extrem heiß.
13. Nachdem das Kommandomodul in die Erdatmosphäre eingetreten ist, öffnet es seine Fallschirme und landet unbeschadet im Ozean.

MONDFAKTEN

Die Mondoberfläche ist ungefähr so groß wie Afrika.
AFRIKA
Wissenschaftlerinnen und Wissenschaftler haben vor Kurzem auf der Mondoberfläche gefrorenes Wasser entdeckt. Hätte ich das eher gewusst, hätte ich das Boot hier nicht unnötig mitgeschleppt.
Land in Sicht!
Weil der Mond viel kleiner ist als die Erde, hat er auch eine geringere Anziehungskraft. Das bedeutet, dass du auf dem Mond sehr viel leichter wärst als auf der Erde. Du könntest auch sehr viel schwerere Dinge anheben oder viel höher springen. Wenn du herausfinden möchtest, wie viel du auf dem Mond wiegen würdest, schnapp dir einfach einen Taschenrechner:
(dein Gewicht) : 6 = dein Gewicht auf dem Mond

Du kannst auf dem Mond nicht atmen, weil es dort keine Luft gibt. Deshalb mussten die Astronauten ihre benötigte Luft selbst mitbringen und immer mit sich herumtragen. Und weil es auf dem Mond keine Luft gibt, ist es dort auch absolut still.
Eine Seite des Mondes ist immer von der Erde abgewandt, und wir bekommen sie nie zu Gesicht. Wir nennen sie die »dunkle Seite des Mondes«. Das ist aber eigentlich falsch, denn wenn diese sogenannte dunkle Seite von der Sonne angestrahlt wird, leuchtet auch sie sehr hell, und es wird dort heiß.
Uuaargh! Ich hab Angst im Dunkeln.
Wie ich schon sagte, Astromaus: Der Mond ist nicht aus Käse!
Der Mond hat kein Magnetfeld wie die Erde, mit Nord- und Südpol. Nur an einigen Stellen ist seine Oberfläche schwach magnetisch. Doch das reicht nicht aus, um auf dem Mond einen Kompass benutzen zu können.
Ich wollte nur ganz sichergehen!
Auf dem Mond weht kein Wind, weshalb seine Oberfläche immer so bleibt, wie sie ist. Folglich werden die Fußstapfen der Astronauten dort auch noch in Millionen Jahren unverändert zu sehen sein.

WELTRAUMMODE

Grumman-Mondanzug 1963

US-Prototyp Kapsel-anzug, 1960er-Jahre

Früher NASA-Apollo-Druckanzug

DER APOLLO-MONDANZUG 1969

Am 21. Juli 1969 schrieben die Astronauten Neil Armstrong und Buzz Aldrin Geschichte, weil sie als erste Menschen den Mond betraten. Bekleidet waren sie dabei mit Apollo-11-Weltraumanzügen, die sie vor dem Vakuum im Weltall schützten. Die Anzüge waren mit allem ausgestattet, was für das Überleben in einer lebensfeindlichen Umgebung wie dem Mond nötig ist, inklusive einem Druckluftsystem und Isolierschichten als Schutz vor extremen Temperaturen und Strahlung. Sie waren maßgeschneidert und 115 Stunden lang am Stück einigermaßen angenehm.
Auf der Erde waren sie wegen ihrer großen Masse recht beschwerlich zu tragen, aber in der Niedrigschwerkraft des Mondes wogen sie fast nichts.

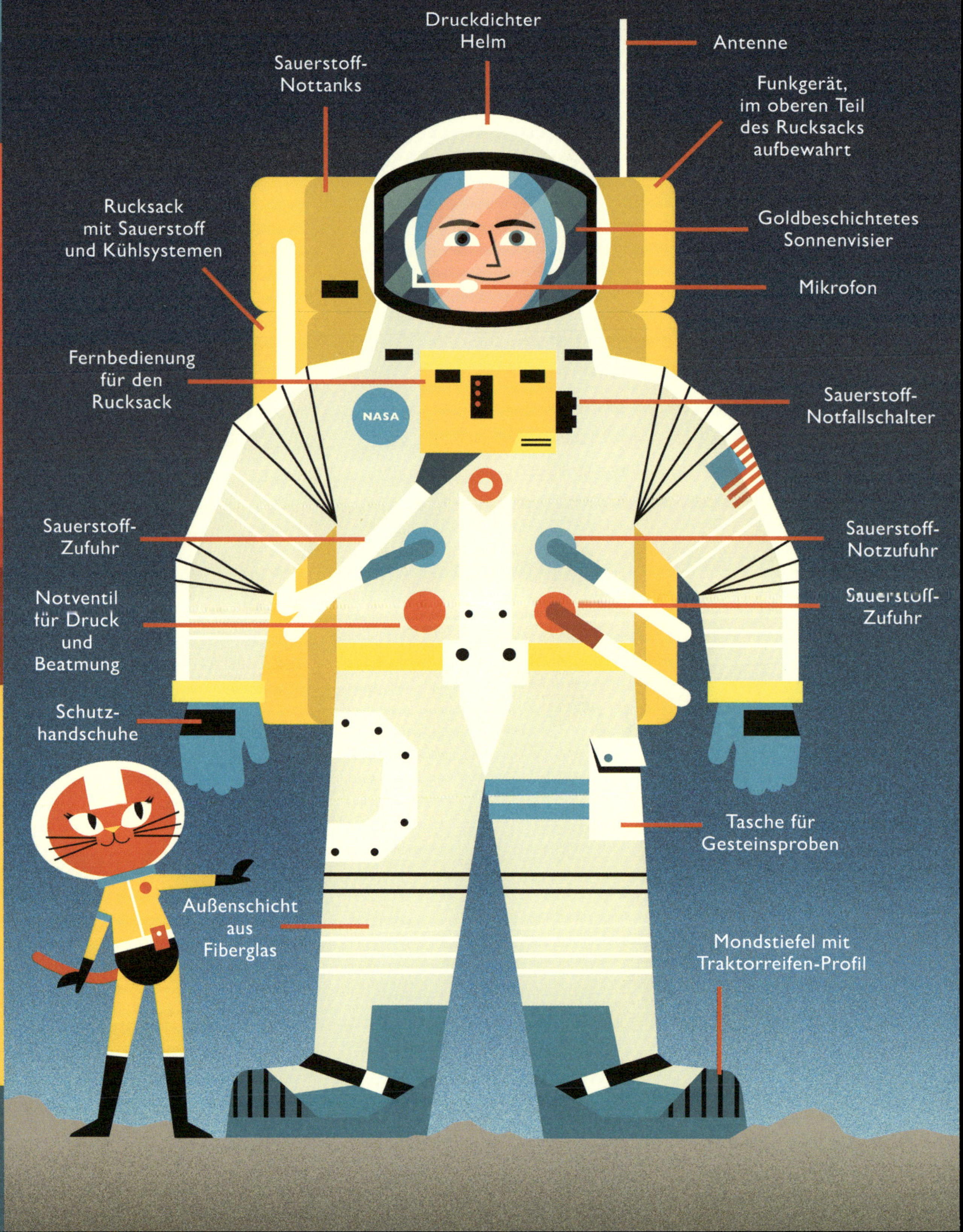

MODERNE RAUMANZÜGE

Heutzutage sind Raumanzüge nicht mehr so wuchtig wie die der Apollo-Astronauten.
Es ist äußerst schwierig, einen guten Raumanzug herzustellen: Er muss sehr fest und stabil sein, um seine Träger sehr gut zu schützen. Gleichzeitig muss er so flexibel sein, dass sich die Astronautinnen gut darin bewegen können, da sie auch filigrane Arbeiten wie die Reparatur eines Raumschiffs erledigen müssen.
Um der Leere des Weltraums entgegenzuwirken, wird der Anzug mit ein wenig Luft oder reinem Sauerstoff gefüllt, sodass er sich im Vakuum wie ein Ballon aufbläht.
Diese Gasblase wirkt wie ein Schutzschild für die Astronautinnen und Astronauten. Ohne diese Druckluft im Anzug würde ihre Haut auf die doppelte Größe anschwellen – und sie sähen aus wie Bodybuilder.

Astronautinnen und Astronauten tragen bei ihren Weltraumspaziergängen einen mit Stickstoff angetriebenen Raketenrucksack, damit sie nicht ins All abdriften.

Oben auf dem Raketenrucksack sind Kameras und Kommunikationsgeräte befestigt.

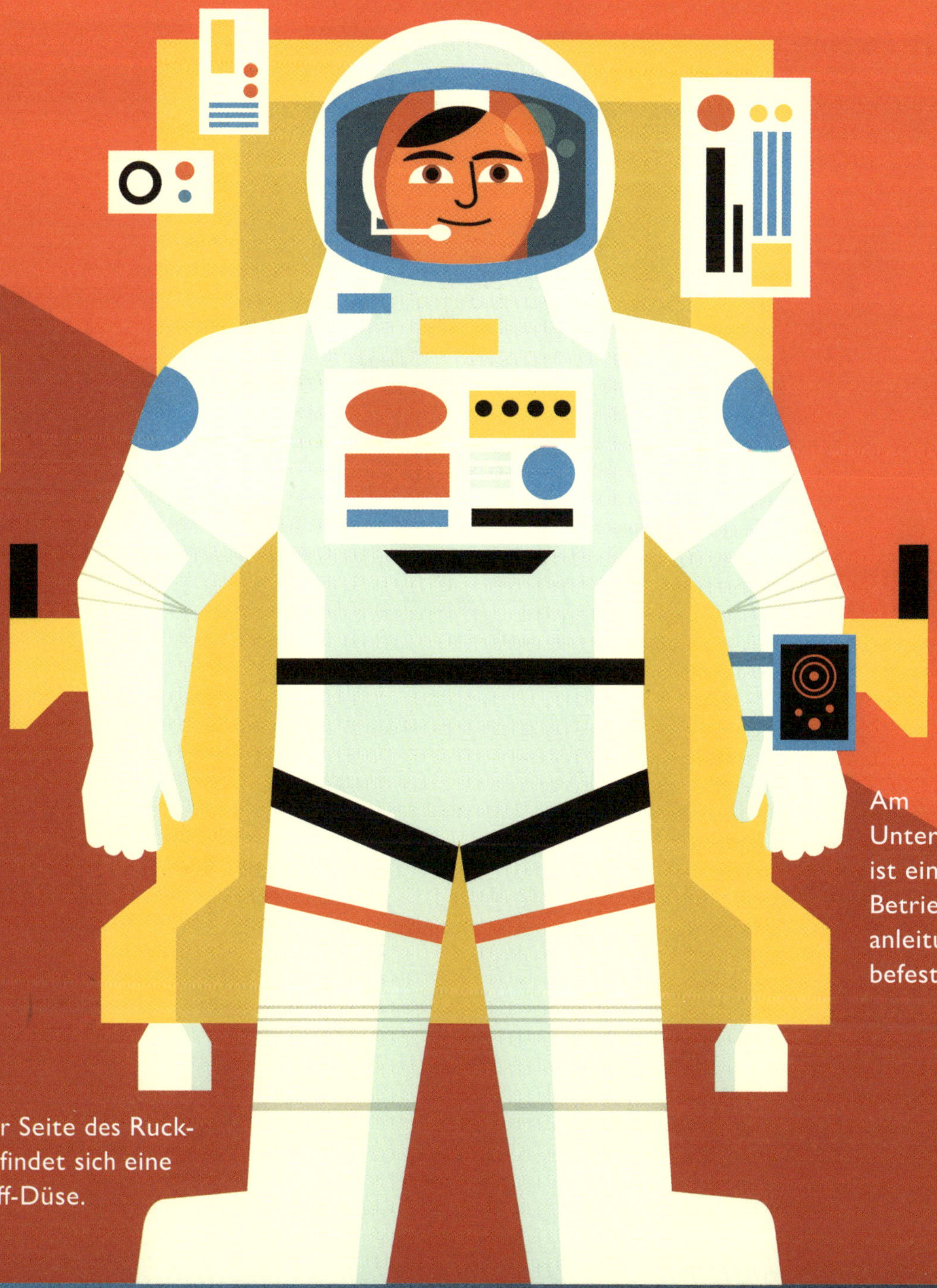

Am Unterarm ist eine Betriebsanleitung befestigt.

Auf jeder Seite des Rucksacks befindet sich eine Stickstoff-Düse.

ZUSÄTZLICHER SCHUTZ

Wenn Astronautinnen und Astronauten im Weltall ihrer Arbeit nachgehen, müssen ihre Anzüge sie vor der Strahlung der Sonne schützen. Das Material muss außerdem so stabil sein, dass die mit einer Wahnsinnsgeschwindigkeit im All herumfliegenden, kleinen Steine keine Löcher in die Anzüge reißen können. Das wäre fatal für unsere tapfere Astronautin!

MODERNE RAKETEN

Heutzutage werden jährlich etwa 100 Raketen ins All geschossen. Die meisten von ihnen bringen Satelliten in die Umlaufbahn, aber manche befördern auch Astronautinnen und Astronauten zur Internationalen Raumstation, oder sie sind Teil von Raummissionen, die Roboter zu anderen Planeten bringen.

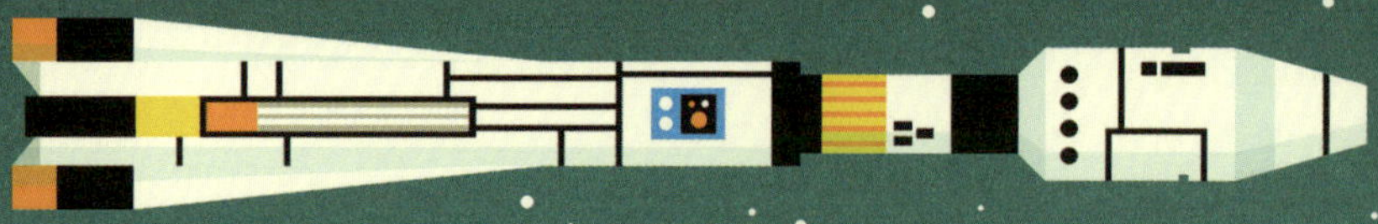

DIE VERLÄSSLICHE

Die meistgenutzte Trägerrakete in der Geschichte der Raumfahrt ist die russische Sojus. Seit ihrem Erstflug im Jahr 1966 hat sie mehr als 900 Flüge erfolgreich absolviert.

SHUTTLE

Die erste wiederverwendbare Raumfähre war das von der US-Raumfahrtbehörde entwickelte Space Shuttle. Es konnte wie eine Rakete in die Umlaufbahn geschossen werden und dann wie ein Segelflugzeug auf die Erde zurückkehren. 1981 wurde es erstmals in Betrieb genommen und kam bei 135 Raummissionen zum Einsatz, bevor sie 2011 ausrangiert wurde.

WIEDERVERWENDBARE RAKETEN

Raketen sind wahnsinnig teuer, und ein Einsatz kann mehr als 100 Millionen Dollar kosten. Deshalb haben sich Ingenieure und Ingenieurinnen der Raumfahrttechnik daran gemacht, wiederverwendbare Raketen zu entwickeln. 2017 war es so weit: Das US-amerikanische Raumfahrt- und Telekommunikations-Unternehmen SpaceX hat eine Rakete ins All geschossen, die schon einmal in der Umlaufbahn gekreist war.

Die ebenfalls von SpaceX entwickelte Rakete Falcon 9 ist die erste Rakete, der es möglich ist, nach ihrem Flug ins All zur Erde zurückzukehren und auf einer schwimmenden Plattform im Ozean zu landen.

SCHWERLASTRAKETEN

Wegen der starken Erdanziehungskraft ist es sehr schwierig, Menschen oder Satelliten – sogenannte Nutzlasten – ins All zu befördern. Deshalb braucht es für besonders schwere Nutzlasten besonders leistungsstarke Trägerraketen. Hier kommen die leistungsstärksten modernen Raketen:

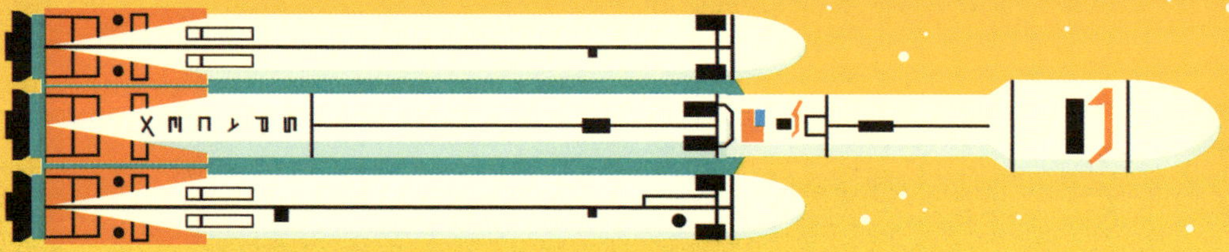

FALCON HEAVY

Die 70 Meter lange Falcon Heavy ist die leistungsstärkste Trägerrakete, die momentan eingesetzt wird – und sie ist die drittstärkste Rakete, die es je gab!

DELTA IV HEAVY

Die DELTA IV HEAVY ist die zweitstärkste Rakete, die momentan im Einsatz ist. Sie hat viele Satelliten ins All befördert und auch die Parker Solar Probe, eine Raumsonde zur Erforschung der Sonne.

LANGER MARSCH 5 / LM5

Langer Marsch 5 ist die größte in China gebaute und weltweit die drittstärkste zurzeit verwendete Rakete. Sie soll für die Installation einer Raumstation eingesetzt werden und Forschungsmissionen zum Mond bringen.

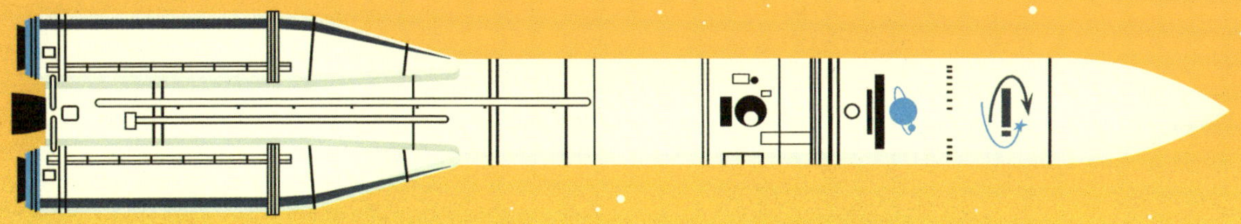

ARIANE

Die von der Europäischen Weltraumbehörde (engl. European Space Agency, kurz ESA) entwickelte Trägerrakete ARIANE 5 hat zwischen 2003 und 2017 85 erfolgreiche Flüge ins All absolviert. Sie wird demnächst von ARIANE 6 abgelöst, einer noch größeren Version dieser Rakete.

WELTRAUM-STARTSYSTEME

Die von der NASA entwickelte Schwerlastrakete Space Launch System (dt. Weltraum-Startsystem) wird die leistungsstärkste Rakete sein, die je gebaut wurde. Sie ist sogar noch stärker als die SATURN V und soll für die Erforschung von weiter entfernten Regionen des Weltalls eingesetzt werden.

Der Start einer **Pegasus-Rakete** erfolgt von einem Flugzeug aus. Sie kann kleinere Nutzlasten in die nähere Erdumlaufbahn bringen. Das kostet weniger, als wenn man dazu eine normale Rakete einsetzen würde.

SpaceShipTwo ist eine Mischung aus einer Rakete und einem Flugzeug. Das Raumflugzeug kann nicht so weit ins All fliegen wie andere Raketen und soll für den Weltraumtourismus genutzt werden.

DIE INTERNATIONALE RAUMSTATION

Die Internationale Raumstation (engl. International Space Station, kurz ISS) umkreist die Erde mit einer Geschwindigkeit von fast 8 Kilometern in der Sekunde. Über die Jahre hinweg wurden während ihres Flugs durchs All immer wieder Teile angebaut. Inzwischen ist sie etwa so groß wie ein Fußballfeld. In diesem fliegenden Versuchslabor machen Astronautinnen und Astronauten wissenschaftliche Experimente und untersuchen am eigenen Körper, wie es ist, über längere Zeit im Weltraum zu leben. Normalerweise befinden sich sieben Leute an Bord, Platz wäre aber für zehn!

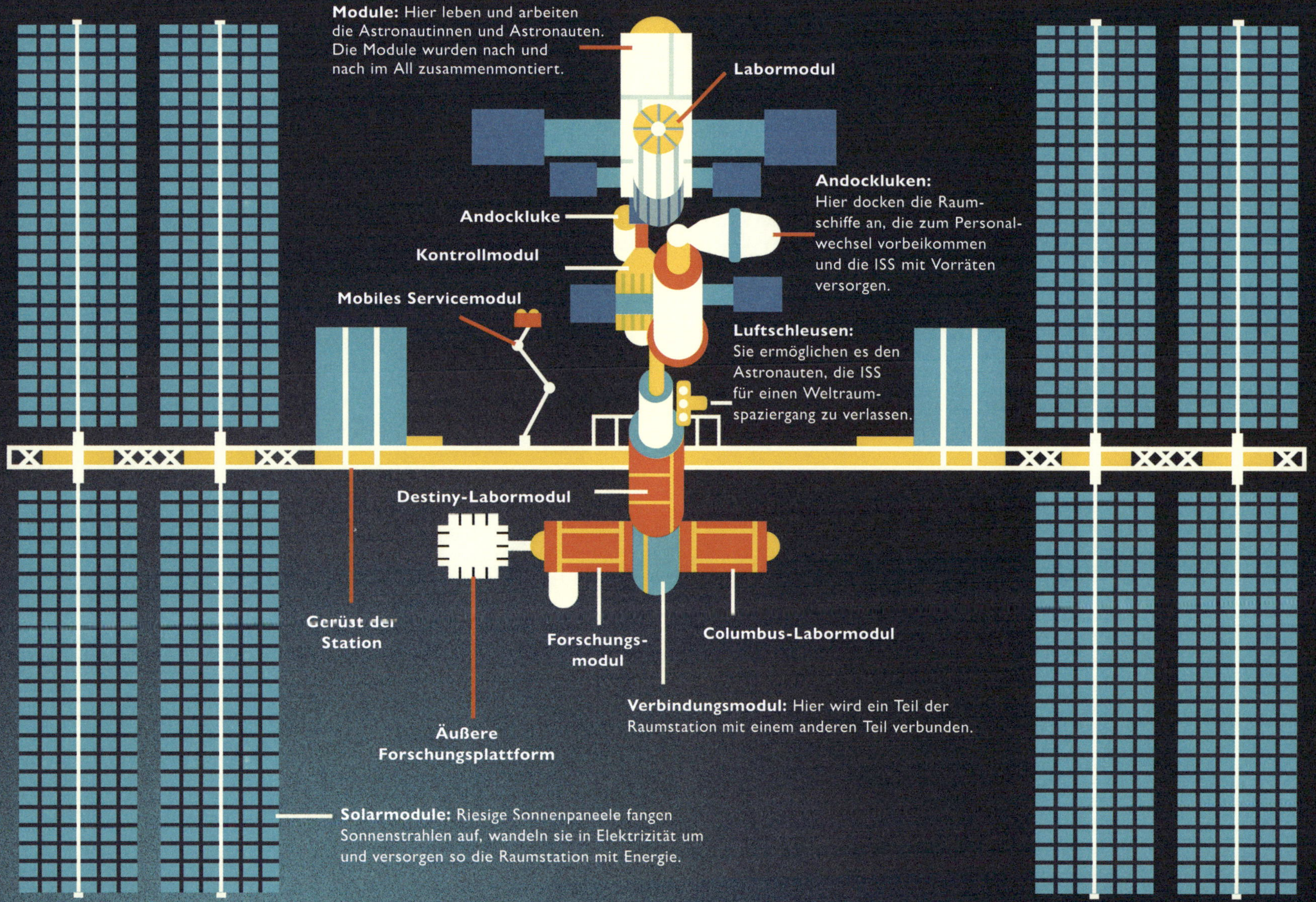

WER HAT DIE ISS GEBAUT?

Die Internationale Raumstation (ISS) wurde gemeinsam von den US-amerikanischen, europäischen, russischen, japanischen und kanadischen Raumfahrtbehörden entwickelt. Es ist die größte Raumstation, die es je gegeben hat. Es gab auch noch andere Raumstationen, wie etwa die russische MIR oder die chinesische Tiangong 2.
Sie wurden inzwischen ausgemustert, kontrolliert zum Absturz gebracht und sind beim Wiedereintritt in die Erdatmosphäre verglüht. In ein paar Jahren wird die ISS das gleiche Schicksal ereilen.

WARUM WURDE DIE ISS GEBAUT?

Das Weltraum-Forschungslabor wurde entwickelt, um Experimente in der Schwerelosigkeit durchführen zu können: Wie jagen Springspinnen, wenn sie gewichtslos sind? (Erstaunlich gut.) Oder: Wie brennt Feuer? (Sehr seltsam.) Um das Universum auch in der Zukunft noch weiter zu erforschen, müssen wir lernen, wie wir jahrelang im Weltall überleben können. An Bord der ISS werden Experimente durchgeführt, die herauszufinden helfen, wie das funktionieren kann. Etwa, wie sich die Mikrogravitation auf Tiere, Pflanzen und vor allem den menschlichen Körper auswirkt.

Durch die vielen Beobachtungsfenster an Bord haben die Astronautinnen und Astronauten eine prima Aussicht auf die Erde.

Spinnen können in der Schwerelosigkeit sehr gut Spinnweben bauen und herumspringen.

Feuer verbrennt in der Schwerelosigkeit in einer runden Flamme.

HÄUSLICHER KOMFORT

Das Innere der Raumstation ist so geräumig wie ein Haus mit fünf Zimmern. Es gibt zwei Badezimmer, einen Fitnessraum und ein großes Panoramafenster für die uneingeschränkte Sicht zur Erde und ins Weltall.

WELTRAUMGEMÜSE

Das VEGGIE-Projekt wurde beispielsweise entwickelt, damit die Astronautinnen und Astronauten an Bord der ISS mit Nährstoffen und Wasser ihr eigenes Gemüse ziehen können. Das ist ja auch ziemlich praktisch auf so einer langen Reise. Wir nutzen die ISS auch, um die Erde zu beobachten und etwa Korallenriffe und den Klimawandel zu überwachen. Außerdem werden Fotos von Wirbelstürmen und Vulkanen gemacht.

NASE ZU!

An Bord der ISS tragen die Crewmitglieder keine spezielle Weltraumkleidung wie etwa einen Raumanzug, sondern ganz normale Kleidung wie auf der Erde auch. Allerdings haben sie keine Waschmaschine, weshalb sie viele Tage am Stück dieselben Klamotten anhaben. Die meiste Schmutzwäsche und anderen Müll schicken sie in Richtung Erde, wo das Zeug beim Eintritt in die Atmosphäre verbrennt.

LEBEN IM WELTALL

Befinden sich die Astronautinnen und Astronauten aber außerhalb der Raumstation, müssen sie sehr wohl spezielle Schutzkleidung tragen. Der orangefarbene Launch-Entry-Anzug (kurz LES, dt. Start- und Wiedereintrittsanzug) war ein mit Luft gefüllter Raumanzug, der die Astronauten im Fall eines Druckabfalls schützen konnte.

MAHLZEIT

Die Nahrungsaufnahme im Weltall unterscheidet sich grundlegend von der Nahrungsaufnahme auf der Erde. Wenn du im All herumfliegst, hält dich keine Schwerkraft am Boden und du bist völlig schwerelos. Dasselbe gilt auch für dein Essen und deine Getränke – wenn man da nicht aufpasst, kann das eine ziemliche Schweinerei ergeben! Außerdem kann herumfliegendes Essen im Weltall ziemlich gefährlich sein, wenn es in wichtige technische Geräte gelangt und Kurzschlüsse auslöst.

SICHER ESSEN

Um beim Essen im All keine allzu große Schweinerei zu veranstalten, löffelten die Astronauten der Apollo-11-Mission ihr Essen aus Beuteln. Um die Haltbarkeit des Essens zu verlängern, wurde es vor der Reise getrocknet. Im All haben sie dann nur heißes Wasser drübergegossen und fertig!

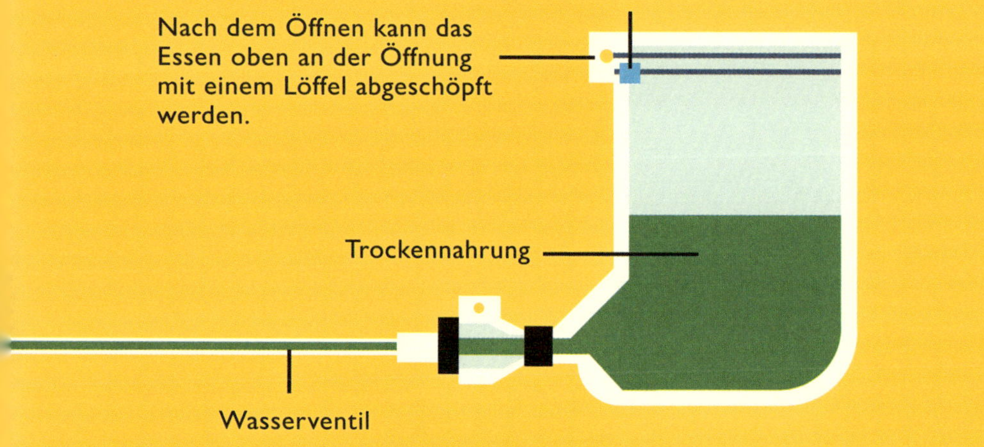

HIER WIRD NICHT GEDUSCHT

Im All kannst du nicht duschen, weil Wasser nicht schön an dir herunterrinnt und in den Abfluss läuft, sondern in einem großen Tropfen an dir kleben bleibt. Deshalb benutzen Astronautinnen und Astronauten in der Schwerelosigkeit ein Shampoo, das nicht ausgewaschen werden muss. Sie benetzen nur ihre Haare mit etwas Wasser, verreiben das Shampoo und rubbeln die Haare mit einem ganz normalen Handtuch trocken.

WASSER SPAREN

Im All ist Wasser besonders kostbar, weshalb es immer wieder aufbereitet wird. Astronauten hängen ihre nassen Handtücher neben Lüftungsschlitzen zum Trocknen auf. Das verdunstende Wasser wird dann von der Klimaanlage eingesaugt und kommt gereinigt und trinkbar wieder heraus.

GESUND BLEIBEN IM ALL

Die Schwerelosigkeit im All zehrt sehr am Körper. Deshalb müssen sich Astronautinnen und Astronauten dort besonders reichhaltig ernähren und regelmäßig Turnübungen machen, um ihre Knochen und Muskeln zu stärken. Wenn sie auch noch viel Fleisch, Gemüse und ordentliche Portionen Kalzium verdrücken, sollte das zusätzlich helfen. Einen getrockneten Milchshake irgendjemand?

SATELLITEN

Ein Satellit ist ganz einfach ein Objekt, das die Erde umkreist. Es gibt zwei Arten von Satelliten: natürliche, wie den Mond, und künstliche. Das sind die, die wir Menschen ins All geschickt haben. Seit der Erfindung der Rakete wurden von vielen verschiedenen Ländern Tausende Satelliten unterschiedlichster Form und Größe ins All befördert. Manche so klein wie ein Schuhkarton, andere wiederum so groß wie ein Lastwagen!

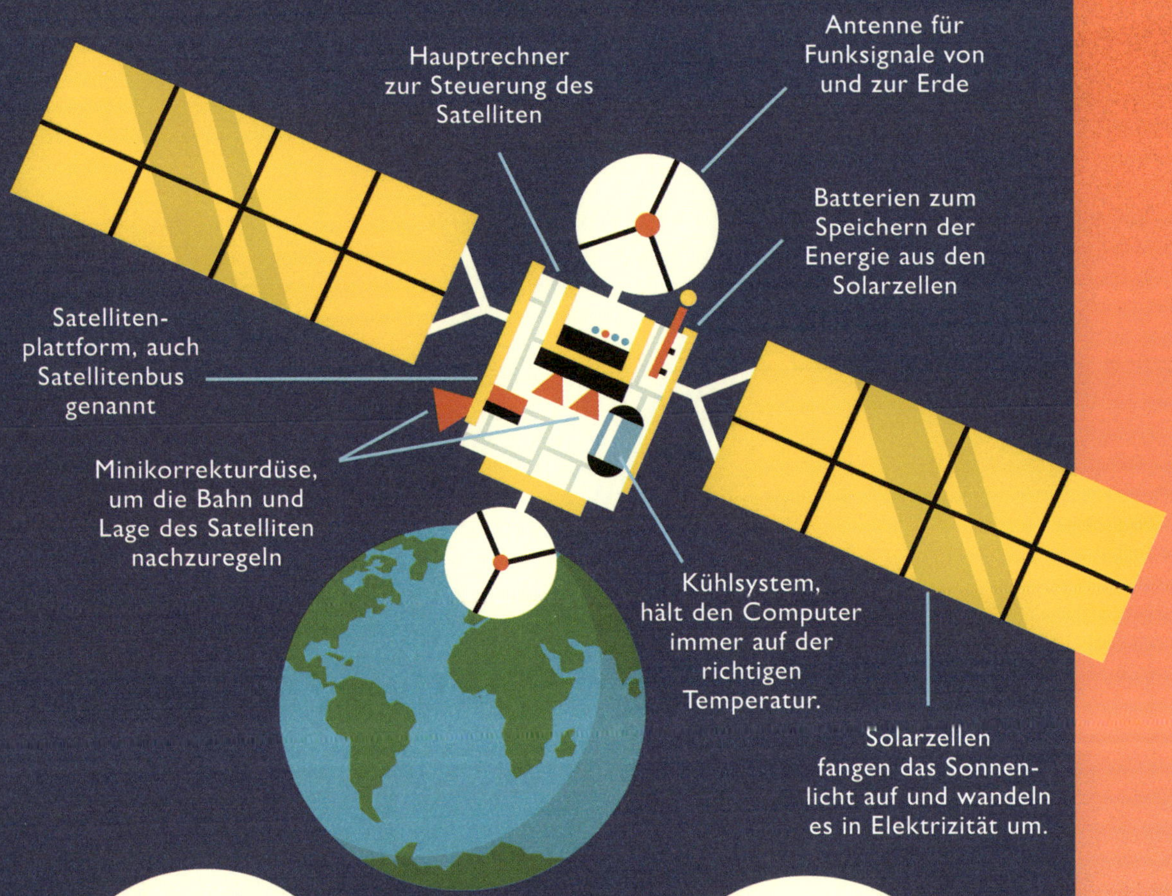

MODERNES LEBEN

Es ist uns gar nicht immer bewusst, aber wir benutzen täglich Satelliten. Sie ermöglichen es uns, miteinander zu kommunizieren, egal wo auf dem Globus wir uns gerade befinden. Sie lassen uns unseren Standort noch im hintersten Winkel der Erde bis auf ein paar Meter genau bestimmen, durch sie bekommen wir Fernsehprogramme, sie ermöglichen eine verlässliche Wettervorhersage und viele Dinge mehr!

SPUTNIK

Der erste Satellit, der die Erde umkreiste, hieß Sputnik und wurde 1957 von der Sowjetunion ins All geschossen. Er war ein sehr einfaches Weltraumgerät, bestückt mit einer Batterie, einem Thermometer und einem Funksender.

WETTER- UND ERDBEOBACHTUNGS-SATELLITEN

Wettersatelliten beobachten die Erde und was in der Atmosphäre vor sich geht. Sie verfolgen weltweit den Zug der Wolken, sagen voraus, wann es wo regnen wird, messen Windgeschwindigkeiten und Temperaturen. Das ist hilfreich, um lokale Wettervorhersagen machen zu können, und liefert außerdem Informationen über den Klimawandel. Erdbeobachtungssatelliten machen Fotos von der Erde, die als Grundlage für die Erstellung von Landkarten dienen und zudem die Abholzung von Wäldern und das Abschmelzen der Polkappen dokumentieren.

WISSENSCHAFTLICHE SATELLITEN

Im All wurden zahlreiche Forschungssatelliten installiert, die alles Mögliche beobachten, von Aktivitäten auf der Sonne bis hin zu Mikrowellen, die noch aus der Zeit kurz nach dem Urknall übrig geblieben sind. Manche suchen auch nach Planeten, auf denen Leben möglich ist, andere wiederum fotografieren die am weitesten entfernten Objekte im All.

HUBBLE-WELTRAUMTELESKOP

SATELLITENGESTÜTZTES INTERNET

Du kannst heutzutage überall auf der Erde Zugang zu schnellem Internet haben, weil wir von einer ganzen Armada von Satelliten umflogen werden, die Internetverbindungen ermöglichen.

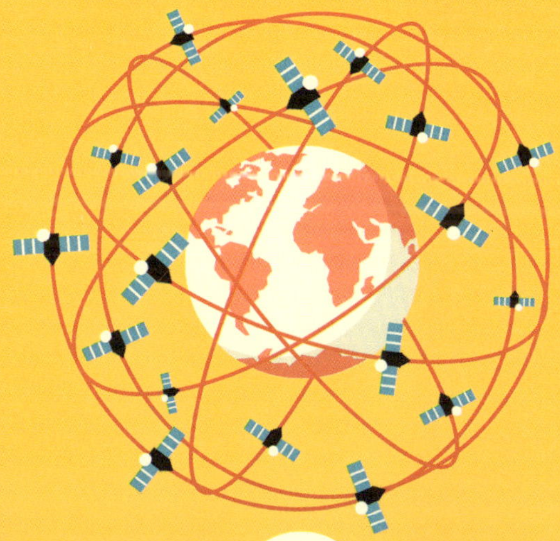

GPS

GPS

GPS ist die Abkürzung für »Globales Positionierungs-System«. Mit der GPS-Technologie können wir exakt bestimmen, wo genau auf der Erde wir uns gerade befinden. So können wir überall auf der Welt unterwegs sein, ohne uns zu verlaufen.

MERKUR

Der Merkur ist der kleinste Planet in unserem Sonnensystem – nur wenig größer als unser Mond – und er ist der Sonne am nächsten. Deshalb herrschen auf dem Merkur extrem hohe Temperaturen: Die überwältigende Kraft der Sonne sorgt auf dem Merkur für eine sengende Hitze von bis zu 430 Grad Celsius. Gleichzeitig herrschen auf der Seite, die gerade dem offenen Weltraum zugewandt ist, extrem niedrige Temperaturen: Dort wird es bis zu minus 170 Grad Celsius kalt! Das bedeutet, auf der einen Seite des Merkurs ist es heiß genug, um Metall zu schmelzen, während es gleichzeitig auf der anderen Seite zweimal kälter ist als am kältesten Ort auf der Erde!

SCHWERMETALL

Der Merkur besteht größtenteils aus Schwermetallen, was ihn zu einem sehr dichten Planeten macht. Stell dir vor, dieses Buch wäre aus Merkurgestein – es wäre so schwer, dass du es nicht einmal anheben könntest! Du bräuchtest wahrscheinlich einen kleinen Kran, um es lesen zu können.

RAUMSONDE MESSENGER

Noch nie hat ein Mensch einen anderen Planeten betreten, auch nicht den Merkur. Trotzdem haben wir ihn erforscht: mit einer Raumsonde namens Messenger, die ihn zwischen 2011 und 2015 umkreiste. Messenger war mit Kameras und wissenschaftlichen Messgeräten bestückt und sendete jede Menge Fotos und wissenschaftliche Daten an die Wissenschaftlerinnen und Wissenschaftler hier auf der Erde. Dieser Job wird von einer neuen Raumsonde namens BepiColombo übernommen werden.

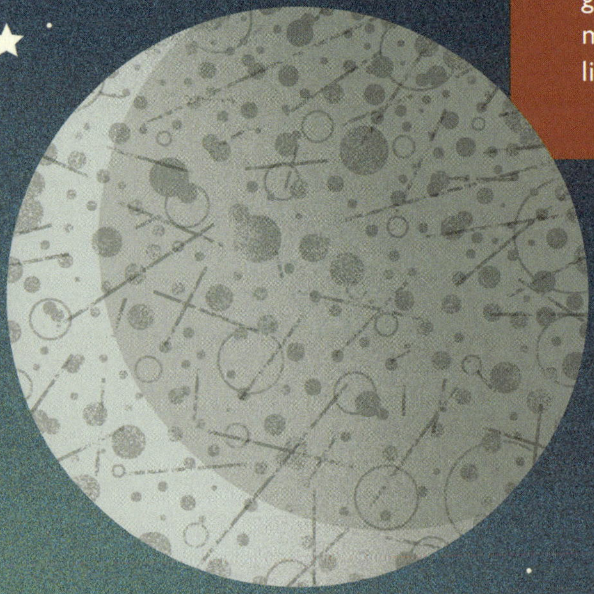

MESSENGER

WIE ALT WÄRST DU AUF DEM MERKUR?

Das Merkwürdige am Merkur ist, dass er sich so langsam um sich selbst dreht, dass sein Tag länger dauert als sein Jahr: Ein Tag auf dem Merkur dauert 176 Erdentage, während ein Jahr auf dem Merkur nur 88 Erdentage lang ist. Wärst du auf dem Merkur geboren, würdest du sehr viel älter sein als auf der Erde. Nimm einen Taschenrechner zur Hand und finde heraus, wie alt du wärst, würdest du auf dem Merkur leben:

(dein Alter) × 4,15 = dein Alter auf dem Merkur

OHNE ATMOSPHÄRE

Anders als die Erde hat der Merkur keine Atmosphäre, die tagsüber die Sonnenstrahlen reflektieren und nachts die Wärme auf seiner Oberfläche halten könnte. Deshalb kann der Merkur seine Temperatur nicht konstant halten, was ihn zu einem Planeten der Extreme macht. Weil er keine Atmosphäre hat, ist der Merkur auch dem Einschlag von Asteroiden und Kometen schutzlos ausgeliefert. Ständige Gesteinseinschläge, und das seit Millionen Jahren, haben auf der Oberfläche des armen alten Merkurs Krater und Narben hinterlassen.

VENUS

Die Venus ist ein bisschen wie der böse Zwilling der Erde. Sie ähnelt der Erde zwar in Größe und Gewicht, doch ein Aufenthalt auf diesem Planeten wäre eine unschöne Erfahrung. Zunächst einmal ist es dort extrem heiß – mit unglaublichen 460 Grad Celsius sogar noch heißer als auf dem Merkur! Als wäre das nicht schon übel genug, besteht ihre dichte Atmosphäre aus Kohlendioxid und es regnet Schwefelsäure. Aber es kommt noch schlimmer: Der Druck der Atmosphäre ist so stark, dass du dich auf der Venus von allen Seiten so zusammengepresst fühlen würdest, als wärst du einen Kilometer unter Wasser. Das ist definitiv kein Ort, an dem du Ferien machen willst!

MAGELLAN-SONDE

Die erste Raumsonde, der es gelang, unter die dichte Atmosphäre der Venus zu blicken, war die Magellan-Sonde. Das war 1990. Die Bilder, die die Sonde mithilfe eines Radargeräts machte, zeigen eine von Vulkanen und Lavaebenen bedeckte Oberfläche.

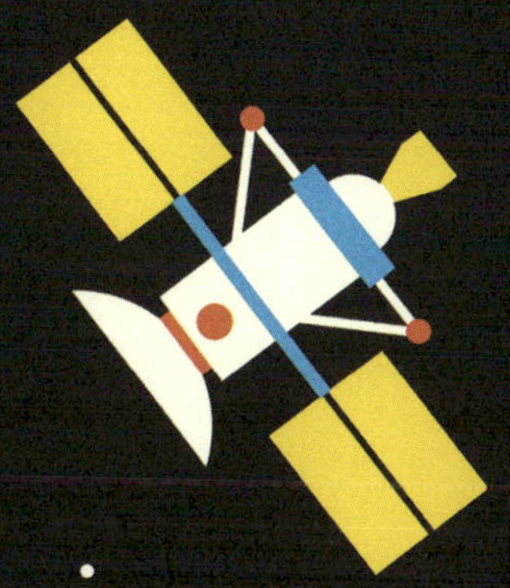

MAGELLAN-SONDE

KOCHEND HEISSE ÖDNIS

Wahrscheinlich war es auf der Venus nicht immer so heiß. Es wird vermutet, dass es vor Milliarden Jahren auf der Venus noch Ozeane gegeben hat – ganz ähnlich wie auf der Erde. Unglücklicherweise befindet sich die Venus aber zu nah an der Sonne, sodass das Wasser auf der Venus anfing zu verdunsten. Dieser Wasserdampf führte dazu, dass die Venus die Sonnenwärme nicht wieder abstrahlen konnte und sich noch weiter aufheizte, wodurch noch mehr Wasser verdampfte, bis alles verdunstet war und sich eine drückend heiße Atmosphäre gebildet hatte. Dieser sich selbst beschleunigende Prozess heißt auch galoppierender Treibhauseffekt.

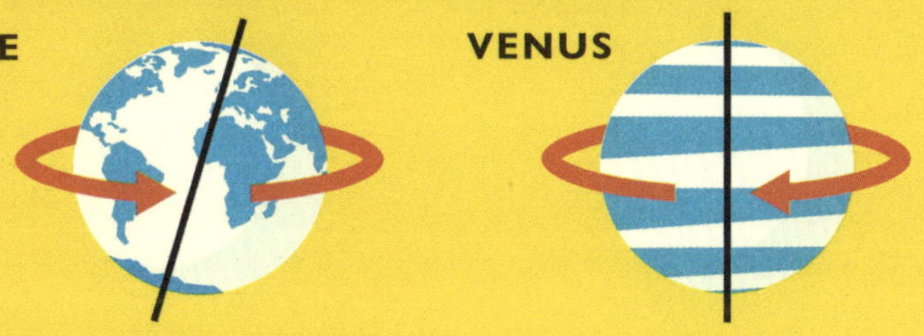

WUSSTEST DU SCHON?

Neben Uranus ist die Venus der einzige Planet in unserem Sonnensystem, der in die andere Richtung rotiert. Es wird angenommen, dass ein Zusammenstoß mit einem anderen gewaltigen Himmelskörper die Venus dazu gebracht haben muss, sich in die andere Richtung zu drehen. Anders als die geneigte Erdachse ist die Achse der Venus aufrecht. Hätte die Erde auch so eine aufrechte Achse, gäbe es hier keine Jahreszeiten.

MARS

Der Mars hat ungefähr den halben Durchmesser der Erde, und er hat sich seit der Entstehung des Sonnensystems sehr verändert. Vor langer, langer Zeit war es dort wärmer, es gab flüssiges Wasser und mächtige, aktive Vulkane. Das wissen wir, weil wir auf seiner Oberfläche Flutgräben entdeckt haben, durch die einst Wasser floss, und von Zeit zu Zeit sogar heute noch fließt. Es ist gut möglich, dass es auf dem Mars große Seen gab oder sogar einen Ozean. Und weil flüssiges Wasser Leben ermöglicht, fragen sich Wissenschaftlerinnen und Wissenschaftler, ob es auf dem Mars womöglich einmal Leben gab. Heute ist der Mars ein trockener und trostloser Planet, wie eine Wüste, und die Atmosphäre, die ihn umgibt, ist sehr dünn. Weil er so klein ist, hat er über Millionen Jahre nach und nach seine innere Wärme an das kalte Weltall verloren, was dazu geführt hat, dass Wasser und Lava gefroren sind.

HUMANOIDE MARSMÄNNCHEN

Seit der Mondlandung überlegt die Menschheit, welchen Himmelskörper sie als Nächstes erforschen könnte. Die NASA und SpaceX haben sich den Mars ausgesucht. Und obwohl das eine enorm schwierige Angelegenheit ist, werden wir in den nächsten Jahrzehnten zum Mars reisen.

MARS

DEIMOS

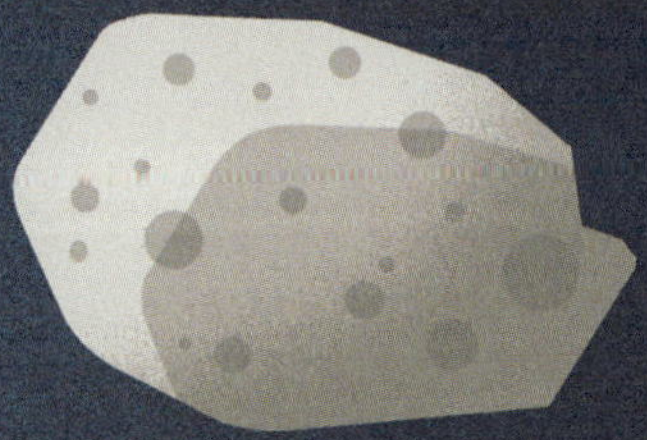

PHOBOS

DIE MONDE DES MARS

Der Mars hat zwei kleine Monde, Phobos und Deimos. Phobos ist etwa doppelt so groß wie Deimos – ungefähr wie eine Großstadt. Keiner der beiden ist kreisrund, ihre verkraterten Oberflächen sehen knubbelig und pockennarbig aus. Niemand weiß, woher die Monde gekommen sind. Manche Wissenschaftlerinnen und Wissenschaftler gehen davon aus, dass es Asteroiden sind, die in die Umlaufbahn des Mars geraten sind und nun von seiner Anziehungskraft festgehalten werden.

DER HÖCHSTE BERG

Olympus Mons ist ein riesiger Vulkan auf dem Mars. Mit einer Höhe von fast 25 Kilometern ist er der höchste Berg in unserem Sonnensystem. Er wurde so hoch, weil sich über Millionen von Jahren bei jedem Ausbruch oben Lava angehäuft hat. Mittlerweile fließt keine Lava mehr.

HAST DU DAS GEWUSST?

Der Mars ist so rot, weil sein Gestein von Eisenoxid durchzogen ist. Eisenoxid ist ein anderes Wort für Rost – das bedeutet, dass der gesamte Planet rostet.

ATMOSPHÄRE

Die Atmosphäre des Mars ist sehr dünn mit ein paar Wolken, die vermutlich aus Wassereispartikeln bestehen. Es wird angenommen, dass Sonnenwinde seine Atmosphäre weggerissen haben, da der Planet kein Magnetfeld hat, das ihn hätte schützen können. Es ist gut möglich, dass der Mars einst ein Magnetfeld hatte, es aber verlor, als sein flüssiger Gesteinskern abkühlte und fest wurde.

ROBOTER AUF DEM MARS

Im Laufe der Jahre haben wir viele Raumsonden zum Mars geschickt. Erfolgreiche Missionen wurden mit den Rovern (dt. Erkundungsfahrzeugen) Opportunity, Spirit und Curiosity durchgeführt. Sie alle fuhren – bestückt mit jeder Menge wissenschaftlichen Geräten – auf der Marsoberfläche herum, machten Fotos und nahmen Gesteins- und Luftproben. Der Rover der Opportunity-Mission sollte eigentlich nur 90 Tage im Einsatz sein – war es dann aber von 2004 bis 2019.

IMMER SCHÖN NEUGIERIG BLEIBEN

Seit 2012 kriecht der NASA-Rover Curiosity (dt. Neugier) über die Marsoberfläche. Seit seiner Landung hat er sich 23 Kilometer vorgearbeitet, dabei durchleuchtet und zertrümmert er Marsgestein mit Laserstrahlen, verschlingt Böden und Gestein, um zu sehen, woraus sie gemacht sind. In den Proben entdeckte er Wasser, Schwefel, Stickstoff, Sauerstoff, Phosphor und Kohlenstoff – alles wichtige Elemente für die Entstehung von Leben. Damit ist bewiesen, dass früher die Bedingungen auf dem Mars mikroskopisches Leben ermöglichten.

PERSEVERANCE

Zurzeit erkundet der Perseverance-Rover (dt. Beharrlichkeit, Ausdauer) der NASA die Marsoberfläche. Er landete in einem seit langer Zeit ausgetrockneten Flussdelta und sucht nach Hinweisen für etwaiges Leben auf dem Mars. Perseverance wird die nächsten Jahre damit zubringen, mittels ultravioletter Laserstrahlen und Röntgenspektrometern die Böden des Mars zu untersuchen, darunter auch bestimmte Gesteinsarten, die mögliche Hinweise auf Leben für große Zeitspannen einschließen können. Perseverance soll außerdem untersuchen, ob es möglich ist, aus der Atmosphäre auf dem Mars Sauerstoff zu erzeugen. Das ist grundlegende Voraussetzung, damit wir Menschen irgendwann in der Zukunft zum Mars reisen können.

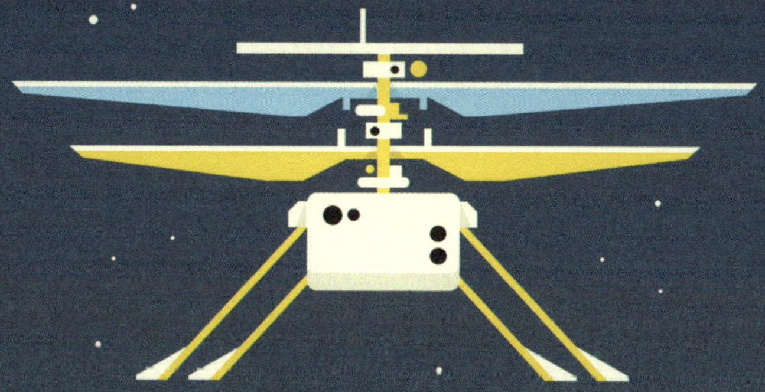

INGENUITY

Perseverance hat in seinem Bauch auch einen Kleinhelikopter namens Ingenuity (dt. Einfallsreichtum) mit zum Mars befördert – es ist das erste von Menschenhand gemachte Flugobjekt, das auf einem anderen Planeten herumfliegt! Ingenuity kommt viel weiter herum als die langsam umherkriechenden Rover. Der Helikopter kann aus luftiger Höhe die Marsoberfläche erkunden und hochaufgelöste Fotos schießen.

TIANWEN-1

Nach den USA ist China das zweite Land, dem es gelungen ist, erfolgreich eine Raumsonde zum Mars zu schicken. Die Tianwen-1-Marssonde (dt. Himmelsfrage) sucht ebenfalls nach Anzeichen von Leben auf dem Mars – aus früheren Zeiten oder sogar von heute.

JUPITER

Jupiter ist ein gigantischer Gasball. Er ist so groß, dass die Erde 1300-mal in ihn hineinpassen würde. Selbst wenn du alle anderen Planeten, Monde und Asteroiden unseres Sonnensystems zusammenpackst, hätten diese nicht einmal die Hälfte von Jupiters Masse. Ähnlich wie die Sonne besteht Jupiter hauptsächlich aus Wasserstoff und Helium. Doch im Gegensatz zur Sonne brennt er nicht.

Wolltest du mit einem Raumschiff auf Jupiter landen, würdest du direkt durch die Oberfläche fallen, da sie aus Gas besteht. Weiter im Inneren wird dieses Gas zu einem riesigen Ozean aus flüssigem Wasserstoff.

DER GROSSE ROTE FLECK

Über Jupiters Oberfläche fegen unaufhörlich orkanartige, kochend heiße Stürme mit Blitzen wie hier auf der Erde. Der größte dieser Stürme ist der »Große Rote Fleck«. Er ist etwa zweieinhalbmal so groß wie die Erde. Dieser gigantische Wirbelwind wütet bereits seit Jahrhunderten mit Windgeschwindigkeiten um die 400 Stundenkilometer.

EIN LANGER TAG

Angenommen, Außerirdische würden sich unser Sonnensystem anschauen, könnte es durchaus sein, dass sie aufgrund ihrer schieren Größe nur die Sonne und Jupiter wahrnehmen und den ganzen Rest übersehen würden. Ein Tag auf dem Jupiter dauert 10 Stunden, was bedeutet, dass er sich für so einen großen Planeten wirklich schnell dreht.

DIE VIELEN MONDE DES JUPITER

Jupiter hat mehr als 80 Monde und jedes Jahr werden neue entdeckt. Vier von ihnen sind wichtig, da sie Planeten ähneln. Auf Kallisto, Europa, Ganymed und Io gibt es Eis und Vulkane, und sie haben eine Atmosphäre. Es ist fast so, als hätte Jupiter sein eigenes kleines Sonnensystem.

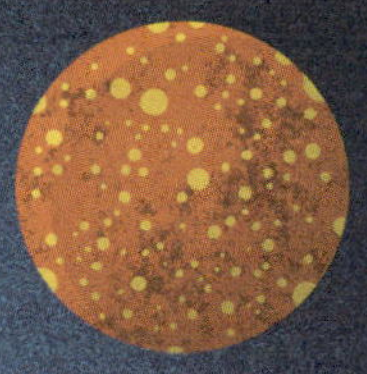

Kallisto ist so groß wie der Merkur und besteht aus Gestein und Eis. 100 Kilometer unter seiner Oberfläche wird ein Salzwasserozean vermutet, in dem es möglicherweise Leben gibt.

Ganymed ist der größte Mond im Sonnensystem. Er ist der einzige, von dem wir wissen, dass er einen flüssigen Eisenkern hat. Deshalb ist er auch der einzige mit einem großen Magnetfeld.

Europa ist der viertgrößte der Jupitermonde und sehr eisig. Seine Oberfläche ist kreuz und quer von dunklen Furchen überzogen und kaum verkratert. Das könnte bedeuten, dass es unter seiner Eisdecke einen riesigen Ozean mit flüssigem Wasser gibt, der unter den Gezeitenkräften Jupiters und der anderen Monde kracht und spannt. Der Mond Europa ist der Ort im Sonnensystem, an dem außerirdisches Leben am wahrscheinlichsten ist.

Io ist ein heller, gelber Mond. Er ist das geologisch aktivste Objekt im Sonnensystem. Seine gelbe Farbe kommt vom gefrorenen Schwefel, den seine 400 aktiven Vulkane ausgespuckt haben. Er umkreist Jupiter ziemlich schnell: Für eine Umrundung benötigt er nicht einmal zwei Erdentage.

WANN GEHT'S HIER RUND?

Jupiter benötigt ungefähr zwölf Erdenjahre, um die Sonne einmal zu umkreisen. Wärst du also auf dem Jupiter geboren, hättest du nur alle zwölf Jahre Geburtstag!

SATURN

Saturn ist auch ein Gasriese, der wie Jupiter hauptsächlich aus Wasserstoff und Helium besteht. Er ist berühmt für die schönen Eisringe, die ihn umgeben. Auch wenn Saturn nicht ganz so riesig ist wie Jupiter, ist er immer noch gigantisch groß: Er hat mehr Masse als alle sechs kleineren Planeten zusammen. Trotz seiner enormen Größe hat Saturn die geringste Dichte aller Planeten – er könnte überraschenderweise sogar auf Wasser schwimmen.

Titan ist der größte Saturnmond. Seine dicke Atmosphäre verleiht ihm etwas Geheimnisvolles. Die Luft ist so dicht und die Anziehungskraft so gering, dass Menschen sich Flügel anheften und wie ein Vogel durch sie hindurchfliegen könnten.

Enceladus hat eine sehr glatte und helle Oberfläche. Deshalb ist er der am hellsten leuchtende Mond im Sonnensystem – obwohl er sehr, sehr klein ist.

Iapetus ist seltsam zweifarbig: Die eine Hälfte leuchtet weiß wie Eis, die andere ist stumpf wie Gestein. Auf der Höhe seines Äquators verläuft eine große Gebirgskette.

DIE CASSINI-HUYGENS-RAUMSONDE

Die Cassini-Huygens-Raumsonde, ist die einzige, die den Saturn umkreist. Ihre Mission begann 1997. Sie ist so weit von uns entfernt, dass die Bilder, die sie schickt, 80 Minuten zu uns unterwegs sind. Ihre Aufnahmen haben uns gezeigt, wie komplex und verschachtelt die Saturnringe tatsächlich sind.

WARUM HAT DER SATURN RINGE?

Das weiß niemand so genau. Wir wissen aber, dass er nicht der einzige Planet mit solchen Ringen ist. Alle Gasriesen – auch Jupiter, Uranus und Neptun – haben welche, aber die des Saturns sind die größten und spektakulärsten.
Die Ringe bestehen aus Eispartikeln, die zumeist weniger als einen Zentimeter messen, aber auch bis zu einem Kilometer Durchmesser haben können.
Astronominnen und Astronomen sind sich nicht ganz sicher, wie die Ringe entstanden sind. Es könnte sein, dass es Überreste von in grauer Vorzeit zertrümmerten Monden sind. Es könnten aber auch Stoffe sein, die von der Schwerkraft des Saturns oder eines der anderen Monde davon abgehalten wurden, sich zusammenzuschließen.

URANUS

Uranus ist ein weiterer Gasriese. Doch im Unterschied zu den anderen Planeten dreht er sich fast waagerecht, als wäre er umgefallen! Niemand weiß genau, warum er das tut, es ist aber gut möglich, dass er vor Milliarden Jahren mit einem großen Objekt zusammengestoßen ist. Uranus hat auch Ringe, die aber sehr viel schlechter zu sehen sind, weil sie aus dunklen Gesteinsbrocken und Staub bestehen.

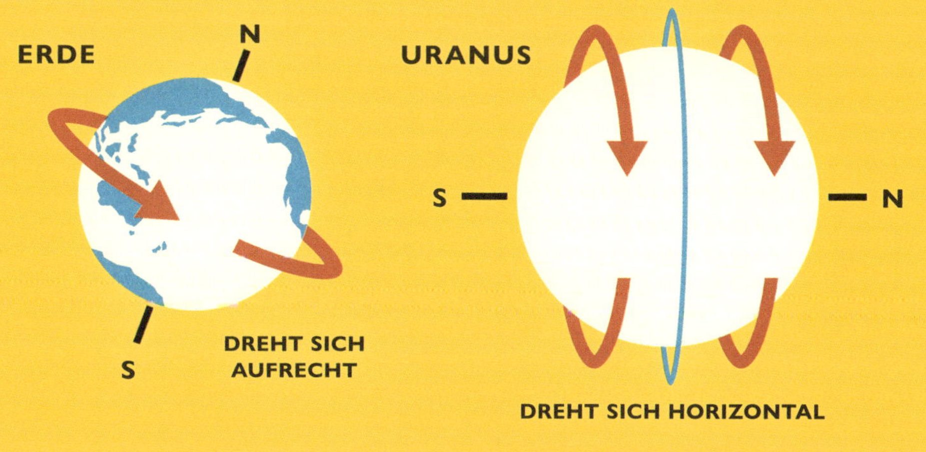

Während Uranus die Sonne umkreist, wird ein Pol 42 Jahre lang von der Sonne beschienen – darauf folgen 42 Jahre in völliger Dunkelheit.

VERSTECKTE DIAMANTEN

Die Atmosphäre des Uranus ist die kälteste im Sonnensystem – bis zu minus 224 Grad Celsius! Aber unter ihr brodelt ein riesengroßer Ozean mit glühend heißen Temperaturen, die Metall zum Schmelzen bringen könnten. Am Boden dieses Ozeans, zwischen dem Kohlenstoffkern und dem darüberliegenden flüssigen Ozean, vermuten Wissenschaftlerinnen und Wissenschaftler Billionen von Diamanten, die durch den großen Druck und die hohen Temperaturen entstanden sind.

NEPTUN

Neptun ist nach dem römischen Meeresgott benannt, weil er so auffallend blau ist. Er ist der von der Sonne am weitesten entfernte Gasplanet und das letzte sichtbare riesige Objekt, bevor sich die Tiefen des interstellaren Raums auftun. Neptun ist ein weiterer Eisriese und Uranus sehr ähnlich, aber mit einer viel abwechslungsreicheren Atmosphäre. Ein Tag auf dem Neptun dauert nur 16 Stunden, aber für eine Runde um die Sonne benötigt er 165 Erdenjahre.

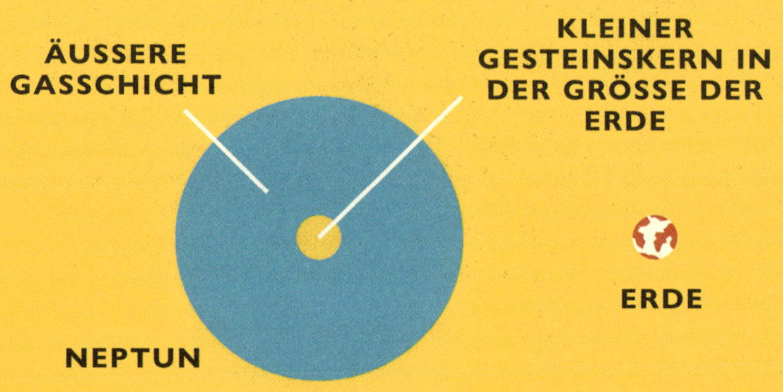

EXTREME WETTERLAGE

Das Innere des Neptuns besteht aus einem Gesteinskern, der vermutlich ungefähr so groß ist wie die Erde. Dieser Kern ist extrem heiß. Wenn die dort entstehende Energie an die Oberfläche kocht, sorgt sie für wirklich dramatisches Wetter: Der Wind auf dem Neptun ist der schnellste im Sonnensystem – fast so schnell wie ein Düsenjet!

WUSSTEST DU SCHON?

Neptun ist 165 Erdenjahre unterwegs, bis er die Sonne einmal umrundet hat. Wärst du auf dem Neptun geboren, wärst du also an deinem 1. Geburtstag schon steinalt.

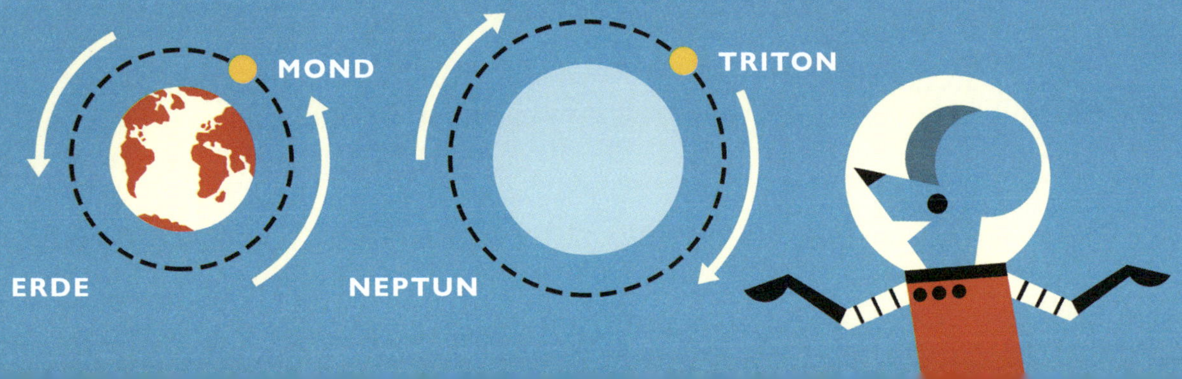

TRITON

Triton ist der größte der Neptunmonde, und er ist ziemlich seltsam. Während alle anderen großen Monde ihre Bahnen in ein und derselben Richtung ziehen, umkreist Triton seinen Planeten in entgegengesetzter Richtung. Wahrscheinlich wurde er einst von Neptun eingefangen. Triton kommt Neptun immer näher und wird irgendwann von dessen Anziehungskraft zerrissen werden.

ASTEROIDEN UND KOMETEN

Zusätzlich zu den Planeten und Monden fliegen noch einige andere Dinge in unserem Sonnensystem herum. Meistens sind es Asteroiden und Kometen. Als das Sonnensystem entstand, sind diese Gesteins- und Eisbrocken der Anziehungskraft der Planeten entwischt und gleiten seitdem in der Oortschen Wolke, im Asteroiden- oder im Kuipergürtel umher.

ASTEROIDEN

Asteroiden bewegen sich im Asteroidengürtel zwischen Mars und Jupiter. Als das Sonnensystem entstand, war der Asteroidengürtel noch eine riesige Gas- und Staubwolke. Im Laufe der Zeit schlossen sich die Gas- und Staubpartikel zu immer größer werdenden Brocken zusammen, bis aus ihnen Planeten und Monde entstanden. Asteroiden sind sozusagen die Gesteinsbrocken, die von der Planeten-Entstehungs-Party übrig geblieben sind. Die meisten von ihnen sind im Asteroidengürtel versammelt. Andere Asteroiden sind von hungrigen Planeten während deren Wachstum einfach einverleibt worden. Das passiert auch heute noch. Jedes Mal, wenn du eine Sternschnuppe siehst, könnte es sich dabei um einen Asteroiden handeln, der beim Eintreten in die Erdatmosphäre verglüht (allerdings nennen wir sie in dem Fall Meteore oder umgangssprachlich Sternschnuppen).

KOMETEN

Kometen kommen aus einer Gegend hinter Neptun, dem Kuipergürtel, oder von noch weiter draußen, aus der Oortschen Wolke, wo eisige Gesteinsbrocken herumfliegen. Gelegentlich kommt es vor, dass einer dieser Brocken aus Eis und Gestein einen kleinen Schubser bekommt und dann in Richtung Zentrum des Sonnensystems trudelt, in etwa wie ein Felsbrocken, der einen Hügel hinunterrollt. Wenn der Komet dann in die Nähe der Sonne gerät, wird sein Eis durch die Hitze gesprengt. Die herumfliegenden Eisteilchen sind der Kometenschweif, den man von der Erde aus sehen kann. Die Kometen fliegen um die Sonne herum und wieder zurück in die Tiefen des Weltalls – wie ein Uhrwerk, immer und immer wieder.

DIESE ARMEN DINOSAURIER

Astronomen halten immer Ausschau nach Asteroiden und Kometen, die auf Kollisionskurs mit der Erde sind. Denn die Wissenschaftlerinnen und Wissenschaftler sind sich fast sicher, dass ein Asteroideneinschlag auf der Erde für das Aussterben der Dinosaurier verantwortlich war. Selbstverständlich wollen wir nicht, dass uns so etwas auch passiert! Glücklicherweise sind die meisten Meteore sehr klein, verglühen bereits in der Atmosphäre und schlagen gar nicht erst auf der Erde ein.

STERNBILDER

Für die Sternbildjagd eignet sich eine klare, wolkenlose Nacht am besten. Oft erhellen die Lichter der Stadt den Himmel so, dass nur die hellsten Sterne zu sehen sind. Aber wenn du ein gemütliches, dunkles Örtchen findest, um den Himmel zu betrachten, wirst du – nachdem sich deine Augen an die Dunkelheit gewöhnt haben – immer mehr Sterne entdecken. Das ist der perfekte Zeitpunkt für die Sternbildjagd!

WAS SIND STERNBILDER?

Sternbilder sind Gruppierungen von Sternen, die Menschen im Altertum zu Bildern zusammengestellt haben, ganz ähnlich wie bei Bildern, bei denen du einzelne Punkte der Reihe nach verbindest und daraus dann beispielsweise eine Katze entsteht. Wenn die Sterne zu Sternbildern zusammengefügt sind, können wir sie im Laufe der Jahreszeiten am Himmel besser wiederfinden.

ZEICHNUNGEN AM HIMMEL

Orion ist nach einem Jäger aus der griechischen Mythologie benannt. Die Zwillinge (lat. Gemini) stehen nebeneinander. Der Große Wagen ist ein Teil des Großen Bären (lat. Ursa Major). Der Kleine Bär heißt im Lateinischen Ursa Minor. Kassiopeia hat die Form eines großen W, ist leicht zu entdecken und sogar in der hell erleuchteten Stadt gut zu sehen.

LODERNDE STERNE

Mit etwas Glück kannst du sogar eine Sternschnuppe sehen: Sie sieht aus wie ein Feuerschweif, der vom Himmel fällt, ist aber ein Meteorid, der in der Erdatmosphäre verglüht. Sternschnuppen sind ziemlich selten und auch nur für den Bruchteil einer Sekunde zu sehen – eine zu entdecken, ist also eine echte Herausforderung! Sie fallen das ganze Jahr über vom Himmel, sind aber im August und im November am besten zu sehen, weil dann die Erde die Staubfahne eines Kometen kreuzt.

PLANETENSUCHE

Planeten könnten leicht mit Sternen verwechselt werden. Es gibt aber ein paar feine Unterschiede: Planeten leuchten gleichmäßiger als die eher funkelnden Sterne. Außerdem wandern Planeten im Laufe der Zeit über den Himmel und bleiben daher nie an einem Fleck.

Am einfachsten sind Jupiter und Venus zu entdecken. Sie leuchten heller als alle anderen Sterne mit brillant weißem Licht. Mars ist auch gut zu erkennen, weil er orange leuchtet – das tut sonst kein anderer Stern oder Planet. Bei Merkur, Saturn und Uranus wird die Sache schon schwieriger, ist aber mit bloßem Auge noch möglich. Für Neptun benötigst du allerdings ein Teleskop!

WUSSTEST DU SCHON?

Die Andromeda-Galaxie ist neben unserer Milchstraße die einzige Spiralgalaxie, die wir mit bloßem Auge sehen können.

TELESKOPE

Fast alles, was wir über das Weltall gelernt haben, wissen wir, weil wir Teleskope haben. Seit Jahrhunderten entdecken wir mit ihrer Hilfe Planeten, Monde, Sterne und Galaxien. Durch die winzigen Bewegungen der Himmelskörper, die wir beobachten, haben wir jede Menge Informationen über das Universum gesammelt – etwa über die Masse unserer Galaxie, die Lichtgeschwindigkeit oder über den Umfang der im Universum enthaltenen Materie.

RADIOWELLEN

Oft werden Radioteleskope mit kleineren Schüsseln hintereinander aufgestellt. Werden sie miteinander verbunden, funktionieren sie wie ein einziges großes Teleskop.

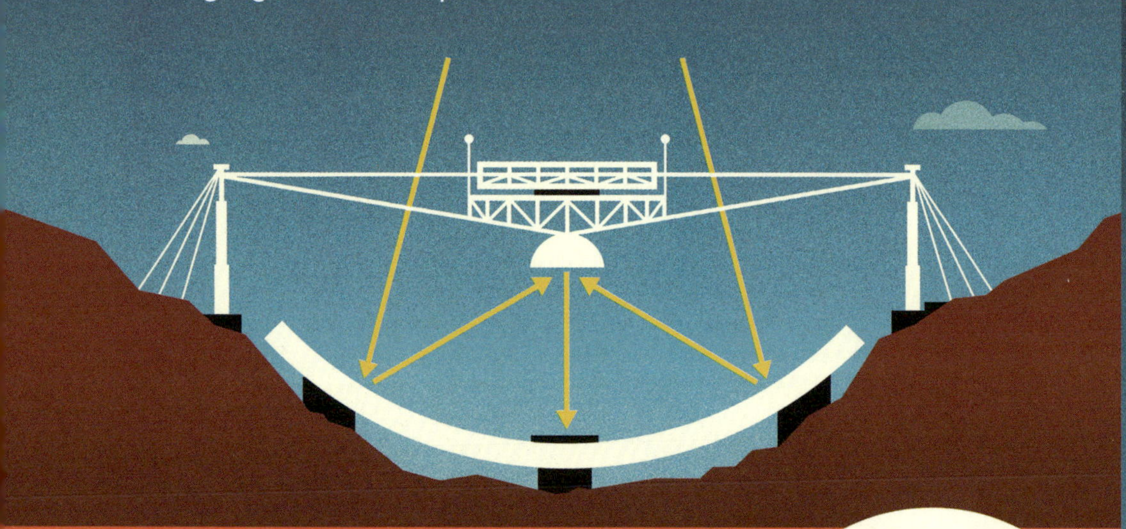

Anders als bei optischen Teleskopen kann man durch Radioteleskope nicht mit dem Auge »hindurchsehen«. Radioteleskope empfangen Funkwellen aus dem Weltall und kombinieren diese zu Bildern oder Grafiken, die Wissenschaftlerinnen und Wissenschaftler dann auswerten. Mithilfe von Radioteleskopen können wir die kuriosesten Dinge im Universum entdecken: Schwarze Löcher, Pulsare – und sogar die Ursprünge des Universums.

INFRAROT

Infrarotteleskope sehen im Universum alles, was Wärme abgibt. Sie können Objekte erkennen, die kein sichtbares Licht abgeben oder die hinter Gas- und Staubwolken verborgen sind (normales Licht wird von solchem Gas und Staub absorbiert, während infrarotes Licht einfach hindurchgeht). Es gibt Infrarotteleskope auf der Erde, im Weltall – und sogar auf einem Flugzeug!

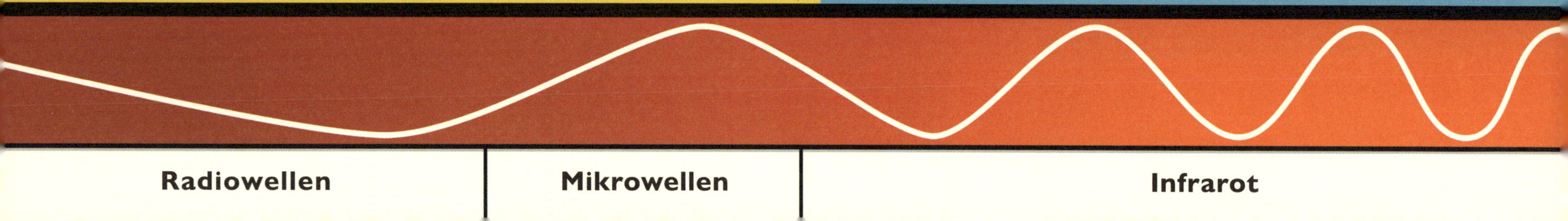

Viele Teleskope sehen das Licht so wie wir mit bloßen Augen auch. Das ist aber noch nicht alles. Jenseits des Spektrums des Regenbogens – vor Rot und nach Violett – existieren Farben, die unsere Augen nicht sehen können. Sie alle gehören zum sogenannten elektromagnetischen Spektrum.

Glücklicherweise haben wir Teleskope entwickelt, mit denen wir diese andere Art von Licht sehen können, denn dadurch haben wir sehr viel über das Universum gelernt. Unten siehst du ein Bild mit allen möglichen Arten von Licht des elektromagnetischen Spektrums und die Teleskope, die sie erkennen können.

Das bekannteste optische Teleskop ist das Hubble-Weltraumteleskop, das so weit in die Tiefe des Weltraums geblickt hat wie kein anderes zuvor. Bis hin zu Galaxien am Rand des Universums.

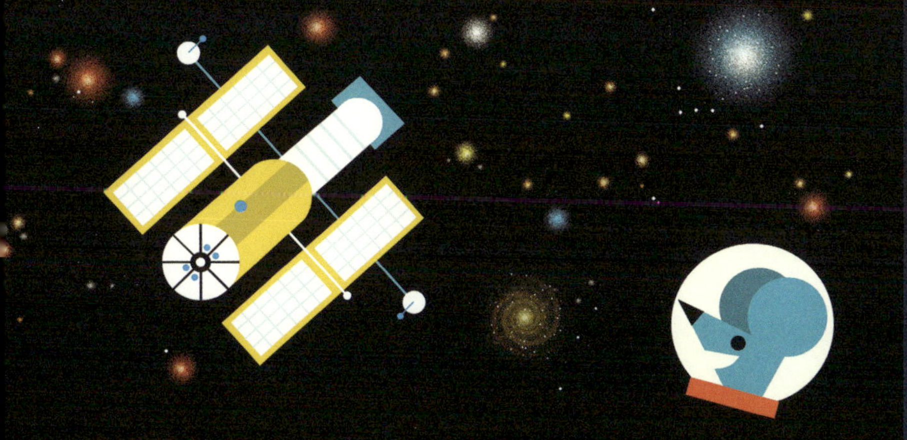

SICHTBARES LICHT

Diese Teleskope nutzen normales Licht und vergrößern weit entfernte Objekte. Zunächst wurden optische Teleskope für die Entdeckung der Planeten benutzt. Inzwischen sind ihre Linsen aber so gut, dass sie noch viel, viel tiefer ins All blicken können.

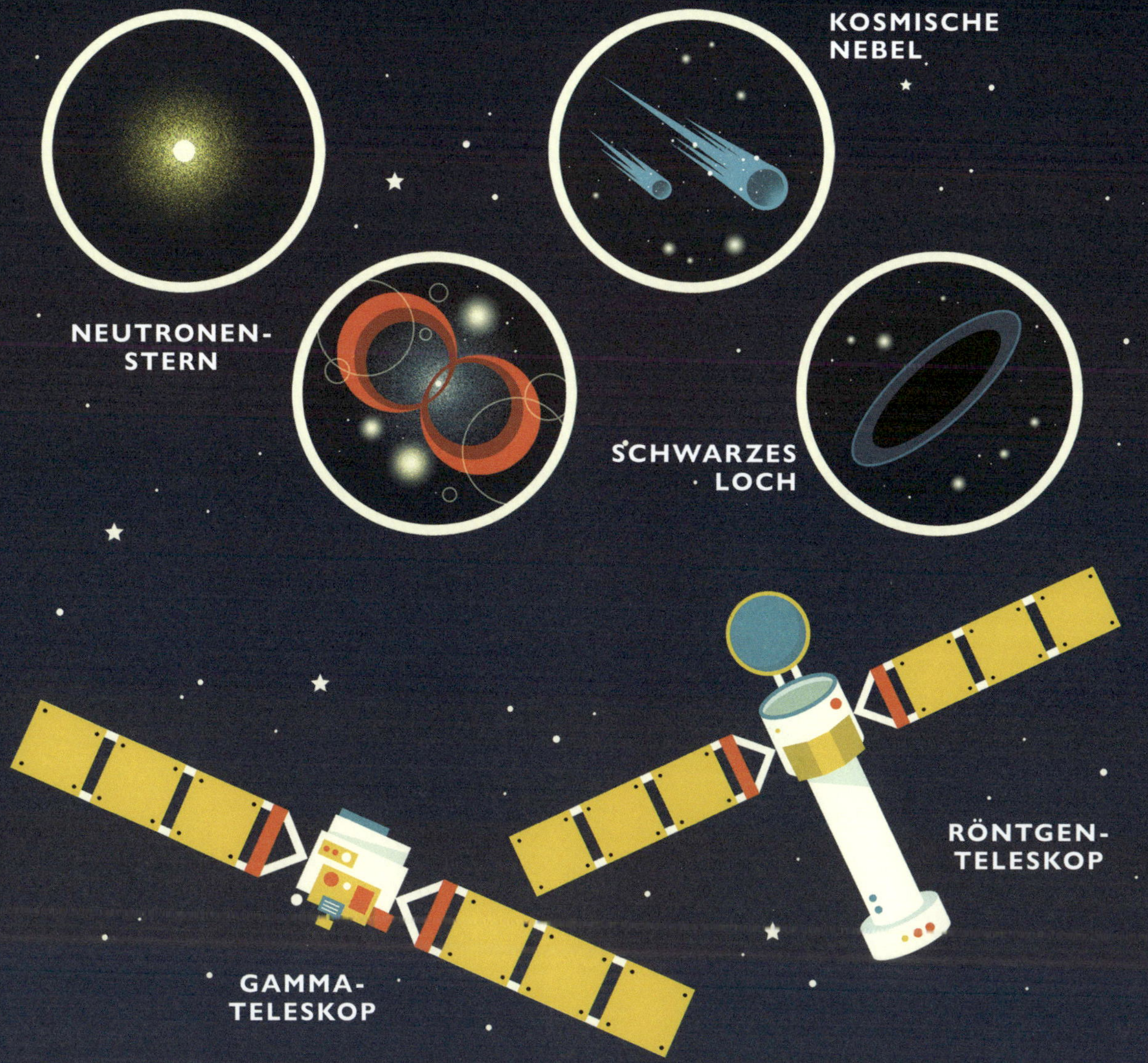

ULTRAVIOLETTES LICHT, RÖNTGENSTRAHLEN, GAMMASTRAHLEN

Damit Teleskope ultraviolettes Licht, Röntgen- und Gammastrahlen einfangen können, müssen sie im All oder zumindest in großer Höhe sein, weil die Erdatmosphäre diese Arten von Licht zu einem großen Teil verschluckt. Diese Teleskope registrieren alle möglichen Signale aus dem Weltall. Sie haben so faszinierende Dinge entdeckt wie die Zentren von Galaxien, kosmische Nebel, Supernovae, Neutronensterne und Schwarze Löcher.

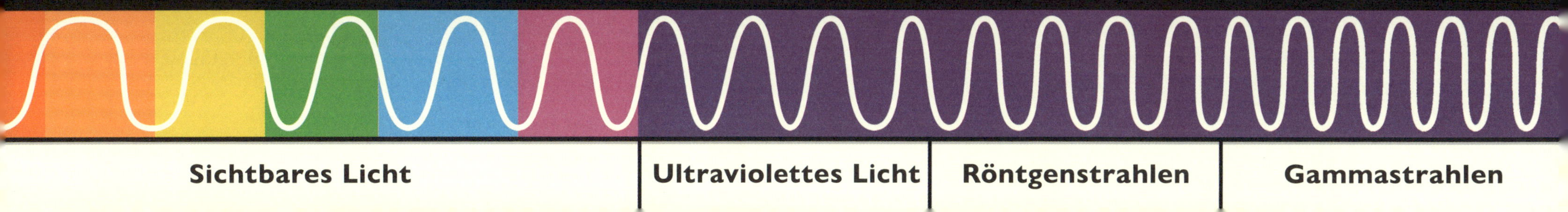

WELTRAUMMÜLL

Seit Beginn der Raumfahrt vor über 60 Jahren wurden mehr als 40 000 Raketen ins All geschossen, für so unterschiedliche Missionen wie die Installation von Satelliten oder die Erkundung von extraterrestrischem Lebensraum.

Leider wird bei jeder Raumfahrtmission Müll produziert, der im Weltraum zurückbleibt. Es handelt sich dabei um abgeworfene Raketenstufen, gefrorenen Treibstoff oder abgeplatzte Farbe. Und weil all dieses Zeug nicht mehr zu gebrauchen ist, nennen wir es Weltraummüll oder Weltraumschrott.

KOLLISION IM ALL

Weltraummüll kann sehr gefährlich sein: Er verschwindet nicht einfach, sondern fliegt sehr lange im All herum. Wenn er dabei mit hoher Geschwindigkeit mit einem Raumschiff zusammenstößt, kann er es beschädigen oder sogar zerstören.

Genau das ist 2009 passiert: Ein ausrangierter Satellit raste mit ungeheuerlichen 42 000 Stundenkilometern in einen aktiven Satelliten und riss beide in Stücke. Glücklicherweise sind solche Zusammenstöße selten.

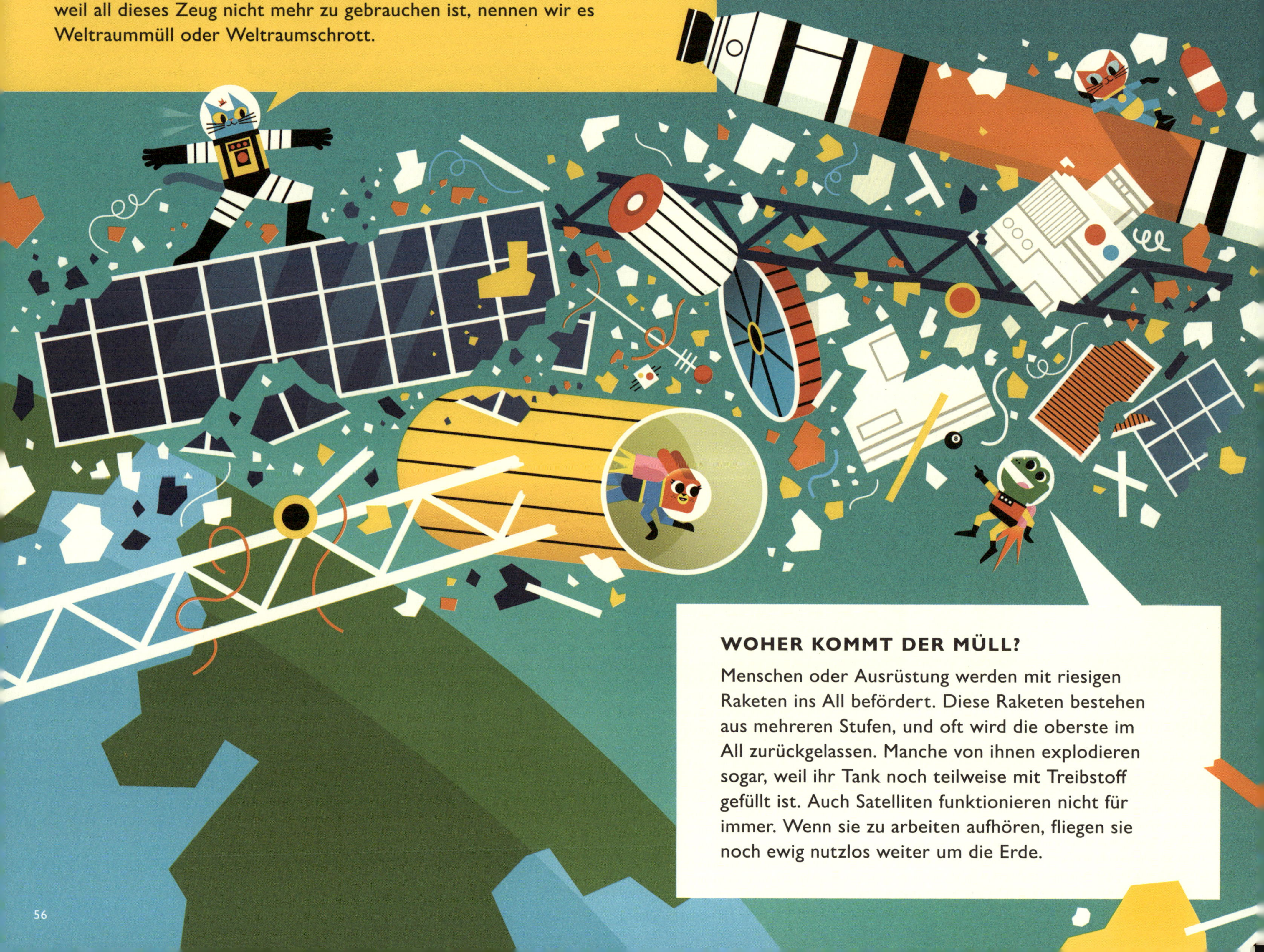

WOHER KOMMT DER MÜLL?

Menschen oder Ausrüstung werden mit riesigen Raketen ins All befördert. Diese Raketen bestehen aus mehreren Stufen, und oft wird die oberste im All zurückgelassen. Manche von ihnen explodieren sogar, weil ihr Tank noch teilweise mit Treibstoff gefüllt ist. Auch Satelliten funktionieren nicht für immer. Wenn sie zu arbeiten aufhören, fliegen sie noch ewig nutzlos weiter um die Erde.

WIE VIEL MÜLL GIBT ES SCHON?

Niemand weiß genau, wie viele Müllstücke im All herumfliegen. Schätzungsweise sind um die 34 000 von ihnen mehr als 10 Zentimeter groß, und Hunderte Millionen kleiner. Astronauten haben ziemlich ulkige Sachen im Weltraum verloren.

KOSMISCHER SCHNEEBALLEFFEKT

Inzwischen gibt es so viel Müll im All, dass Wissenschaftler befürchten, dass es bald zu einem Wendepunkt kommt und die durch eine Kollision entstehenden neuen Bruchstücke wieder viele weitere Zusammenstöße auslösen, diese wiederum neue Teile freisetzen und so weiter – wie bei einem Schneeball, der zur Lawine wird. Dieses Szenario wird Kessler-Syndrom genannt. Dabei könnten nicht nur aktive Satelliten zerstört, sondern könnte so viel Müll produziert werden, dass Reisen ins All zu gefährlich für uns werden würden. Zum Glück ist es dazu noch nicht gekommen, und es wird mit Hochdruck daran gearbeitet, das zu verhindern.

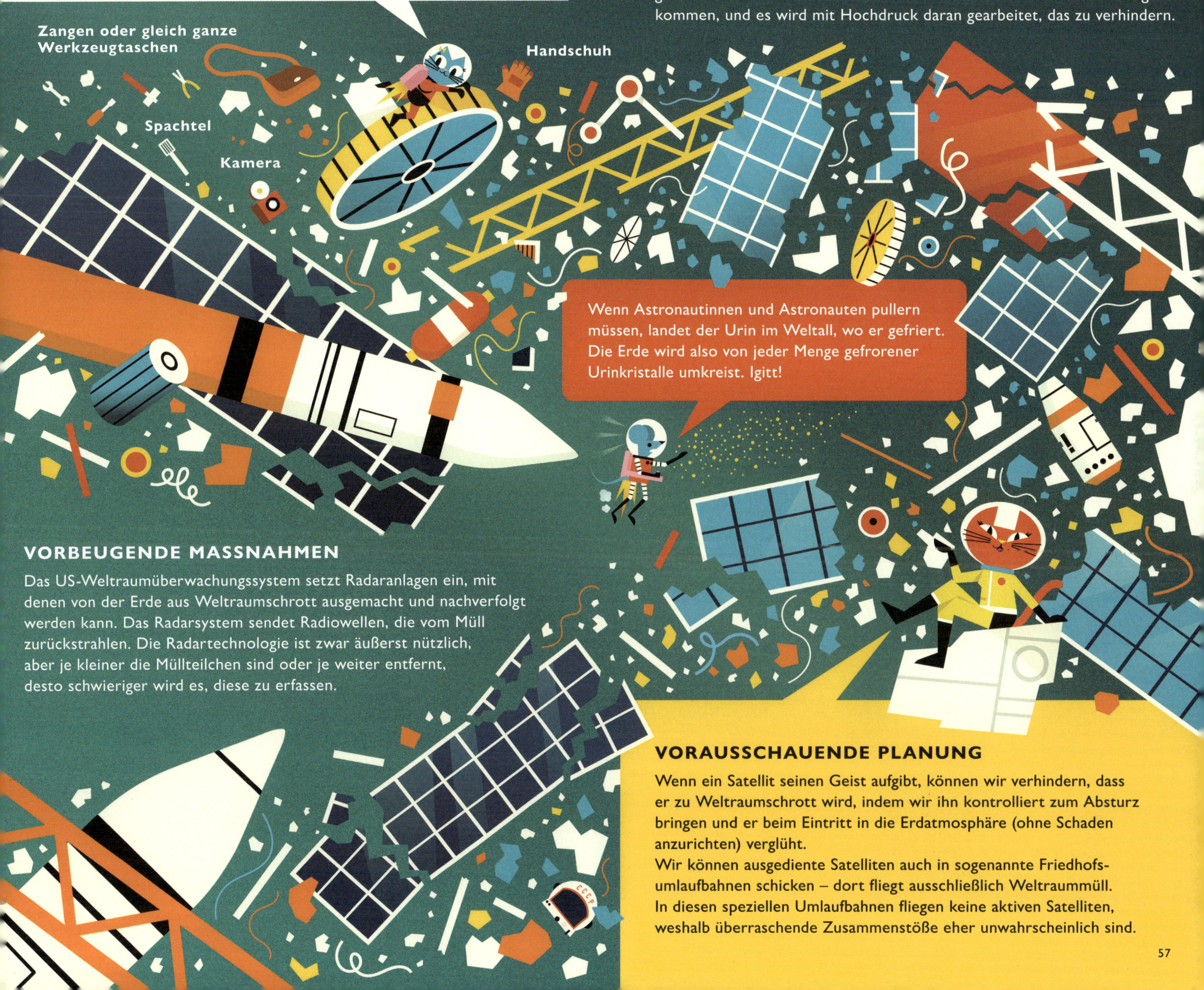

VORBEUGENDE MASSNAHMEN

Das US-Weltraumüberwachungssystem setzt Radaranlagen ein, mit denen von der Erde aus Weltraumschrott ausgemacht und nachverfolgt werden kann. Das Radarsystem sendet Radiowellen, die vom Müll zurückstrahlen. Die Radartechnologie ist zwar äußerst nützlich, aber je kleiner die Müllteilchen sind oder je weiter entfernt, desto schwieriger wird es, diese zu erfassen.

VORAUSSCHAUENDE PLANUNG

Wenn ein Satellit seinen Geist aufgibt, können wir verhindern, dass er zu Weltraumschrott wird, indem wir ihn kontrolliert zum Absturz bringen und er beim Eintritt in die Erdatmosphäre (ohne Schaden anzurichten) verglüht.
Wir können ausgediente Satelliten auch in sogenannte Friedhofsumlaufbahnen schicken – dort fliegt ausschließlich Weltraummüll. In diesen speziellen Umlaufbahnen fliegen keine aktiven Satelliten, weshalb überraschende Zusammenstöße eher unwahrscheinlich sind.

WENN STERNE STERBEN

Auch Sterne leben nicht ewig. Irgendwann ist ihre Energie verbraucht, und ihr Leben endet in einer riesigen Explosion. Gehen die Wasserstoffvorräte eines Sterns zur Neige, verschmelzen sie immer schwerere Elemente miteinander, die später bei der Explosion des Sterns ins Weltall geblasen werden. Alles, was uns umgibt, besteht aus diesen Elementen: die Erde, die Tiere, die Pflanzen, nicht zuletzt sogar wir selbst! Der Tod eines Sterns markiert also nicht nur ein Ende, sondern auch den Beginn von etwas Neuem.

HAUPTREIHENSTERNE

Wenn die Sonne in ein paar Milliarden Jahren ihren Brennstoff im Kern verbraucht haben wird, wird sie zunächst zu einem Roten Riesen werden. Danach wird sie unter ihrem eigenen Gewicht zusammenbrechen und zu einem Weißen Zwerg werden. Der heiße, dichte, etwa erdgroße Körper kann dann keine Atomkerne mehr verschmelzen und verliert nach und nach seine Wärme an den Weltraum.

ÜBERRIESEN

Überriesen sind Sterne, die um noch einiges größer sind als die Sonne. Sie verbrennen ihre Energie entsprechend schneller und beenden ihr Leben ziemlich spektakulär mit einer gigantischen Explosion, die wir Supernova nennen. In nur wenigen Stunden setzt eine Supernova mehr Energie frei, als die Sonne es in ihrem ganzen Leben tun wird! Dabei strahlt sie so hell wie eine ganze Galaxie. So eine Supernova hinterlässt eine gigantische Wolke aus Geröll und Schutt, sogenannte kosmische Nebel.

SUPERDICHT

Nach der Supernova kollabiert der Kern des Sterns zu einem Neutronenstern. Sein Körper ist dann von einer so hohen Dichte, dass ein würfelzuckergroßes Stückchen von ihm so viel wiegen würde wie der Mount Everest!

UNGLAUBLICHE EXPLOSIONEN

Die größten Sterne im Universum sind die Hyperriesen. Sie haben mehr als die 1000-fache Masse der Sonne. Entsprechend riesig ist auch ihre Explosion, Hypernova genannt. Wenn ein Hyperriese kollabiert, ist die Kraft der Explosion so gewaltig, dass sie ein Loch in Raum und Zeit reißt: ein sogenanntes Schwarzes Loch. Die Anziehungskraft eines Schwarzen Lochs ist so stark, dass ihm noch nicht mal das Licht entfliehen kann!

MYSTERIÖSE LÖCHER

Im Mittelpunkt unserer Galaxie gibt es ein supermassereiches Schwarzes Loch. Wir gehen davon aus, dass jede andere Galaxie ebenfalls ein supermassereiches Schwarzes Loch in ihrem Mittelpunkt hat. Schwarze Löcher sind wie gigantische Strudel, in denen Zeit und Raum keine Bedeutung in unserem Sinn mehr haben. Auch die uns bekannten Naturgesetze verlieren im Zentrum eines Schwarzen Lochs ihre Gültigkeit.

SCHWARZES LOCH

SPAGHETTISIERUNG

Würdest du in ein Schwarzes Loch geraten, würdest du »spaghettisiert« werden. Das bedeutet, dein Körper würde von allen Seiten so zusammengedrückt und gleichzeitig in die Länge gestreckt werden, dass du aussähest wie eine Spaghetti-Nudel.

SCHWARZE LÖCHER

Ein Schwarzes Loch ist die extremste Form, die ein Stern annehmen kann. Schwarze Löcher bestehen aus einer gigantischen Menge Masse, die auf wirklich kleinen Raum zusammengepresst wird. Tatsächlich wissen wir noch nicht mal, wie klein sie wirklich sind, da sie mit den uns bekannten Gesetzen der Physik nicht beschrieben werden können.

Schwarze Löcher werden als schwarz bezeichnet, weil sie nicht leuchten wie Sterne. Ihre Anziehungskraft ist so stark, dass wirklich alles von ihnen aufgesogen wird – nicht mal Licht kann ihnen entkommen! Also komm ihnen nicht zu nah, sonst wirst auch du mit eingesogen!

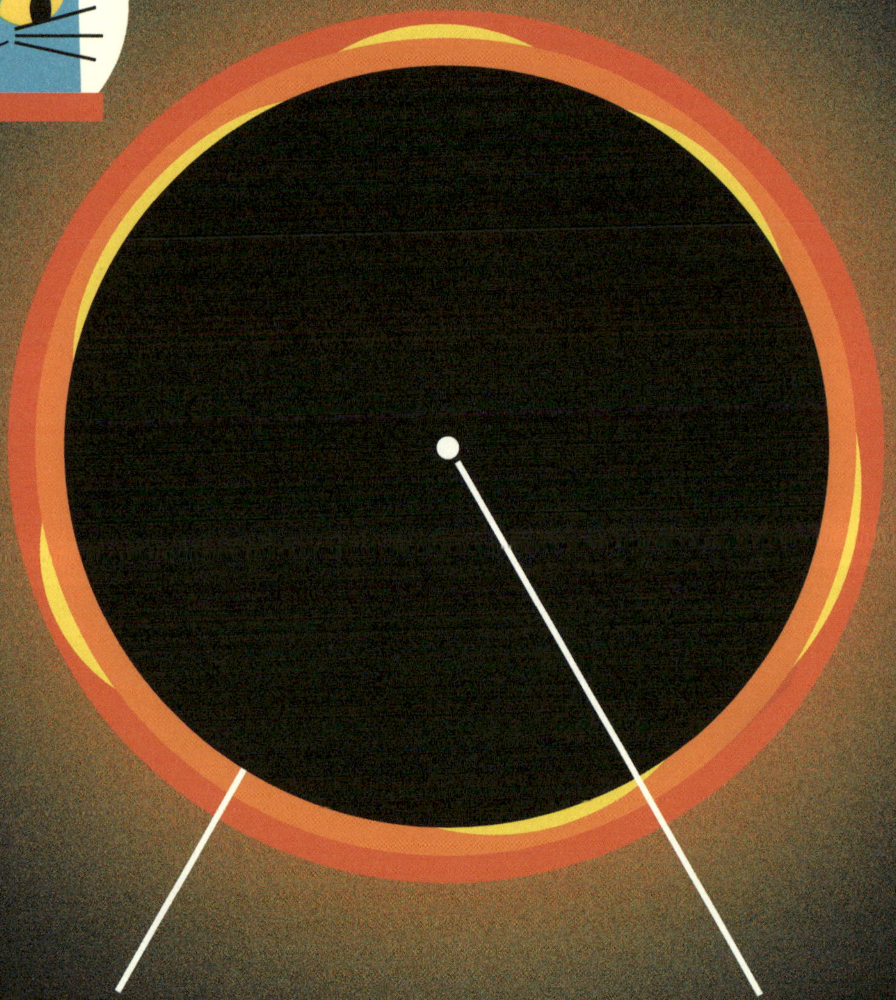

EREIGNISHORIZONT
Hier liegt der äußere Rand des Schwarzen Lochs, und er ist der Punkt, von dem es kein Zurück mehr gibt. Überschreitest du ihn, kommst du nie wieder heraus.

SINGULARITÄT
Alles, was in ein Schwarzes Loch gerät, wird in die Singularität in seiner Mitte gequetscht.

KLEIN, ABER OHO

Viele Schwarze Löcher sind die kollabierten Kerne gestorbener Sterne und werden auch **stellare Schwarze Löcher** genannt. Sie haben etwa zehnmal so viel Masse wie unsere Sonne, werden aber in einen winzigen Punkt in ihrer Mitte hineingezwängt. Dieser Punkt heißt **Singularität**.

Der äußere Rand, auch **Ereignishorizont** genannt, liegt vom Zentrum eines stellaren Schwarzen Lochs nur etwa 30 Kilometer entfernt. Sie sind demnach kaum größer als eine Kleinstadt.

RIESIG UND AUCH OHO

Andere Schwarze Löcher sind unfassbar riesig, sogenannte **supermassereiche Schwarze Löcher**. Sie haben millionen- oder milliardenmal mehr Masse als unsere Sonne und können riesengroß sein – bis zu zehnmal so groß wie unser Sonnensystem! Wir haben ein supermassereiches Schwarzes Loch in der Mitte der Milchstraße, und wir nehmen an, dass es in der Mitte jeder Galaxie im Universum eines gibt.

AKKRETIONSSCHEIBE

Wenn Gas und Staub in ein Schwarzes Loch geraten, werden sie sehr stark beschleunigt und heizen sich extrem auf. Dabei werden hochenergetische Röntgenstrahlen abgegeben. Diese Röntgenstrahlen können wir von der Erde aus sehen, weshalb wir überhaupt Schwarze Löcher erkennen können. Denn ohne die Röntgenstrahlen wären die Schwarzen Löcher, nun ja, schwarz.

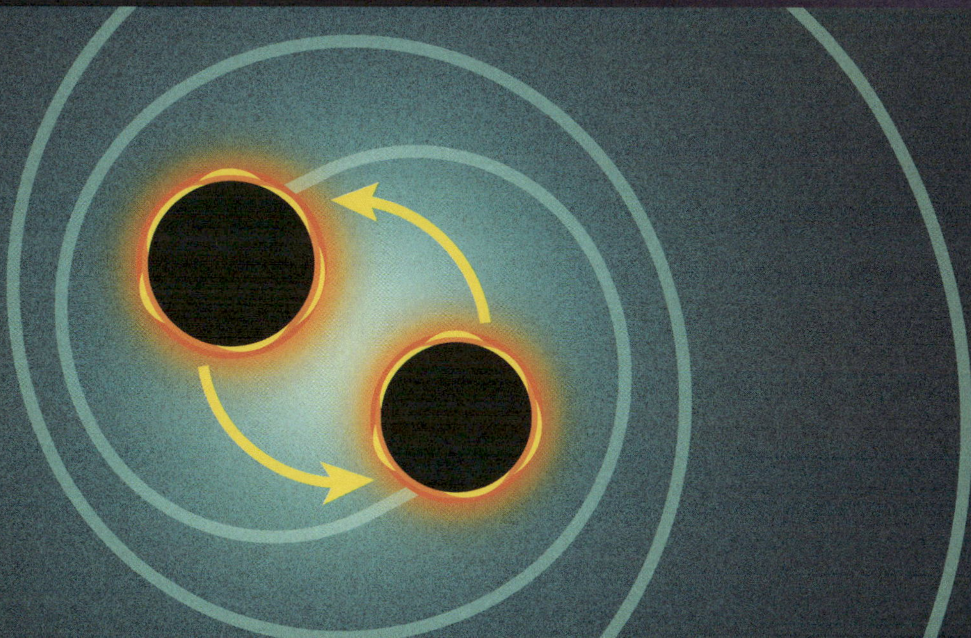

KOSMISCHE KOLLISIONEN

Mitunter wirbeln Schwarze Löcher ineinander und schließen sich zu einem größeren Schwarzen Loch zusammen. Wenn das passiert, erzeugen sie sogenannte **Gravitationswellen**, die am Kosmos rütteln.

Wenn diese Wellen durch die Erde hindurchströmen, können wir sie mit speziellen Teleskopen aufspüren, den **Laserinterferometern**, obwohl die erzeugten Schwankungen kleiner sind als ein Atom. Diese Interferometer befinden sich tief unter der Erde und nutzen Laserlicht, um die kleinsten Entfernungen akkurat zu messen – so ermöglichen sie uns, Schwarzen Löchern beim Zusammenstoßen zuzusehen.

WAS LIEGT NOCH IN DEN TIEFEN DES WELTALLS?

Wir haben jetzt schon jede Menge coole Objekte im Weltraum besucht. Aber in den Tiefen des Weltalls gibt es Dinge, die noch wilder, noch wunderbarer und noch geheimnisvoller sind.

PIEP PIEP PIEP

Am 28. November 1976 empfingen die Astronomin Jocelyn Bell Burnell und der Astronom Antony Hewish ein sich wiederholendes Radiosignal, das aus den Tiefen des Weltraums kam. Es piepte alle 1,33 Sekunden, immer und immer wieder – so etwas wurde noch nie zuvor wahrgenommen.
Kurz dachte man, das wären Signale von anderen Lebewesen im All. Aber die Radiostrahlen wurden von einem sich schnell drehenden Neutronenstern in unsere Richtung abgegeben – ähnlich wie der rotierende Lichtstrahl eines Leuchtturms. Inzwischen haben wir viele dieser Objekte entdeckt und nennen sie **Pulsare**.

PULSAR

GEHEIMNISVOLLE SIGNALE

Aber nicht alle wiederkehrenden Radiosignale aus den Tiefen des Weltraums werden von Pulsaren gesendet. Astrophysikerinnen und Astrophysiker bezeichnen diese Signale auch als **Blitzare** oder **Schnelle Radioblitze** und arbeiten daran, das Geheimnis um ihren Ursprung zu lüften. Sie verhalten sich alle unterschiedlich, manche von ihnen sind sehr beständig, andere kommen und gehen. Die meisten Blitzare wurden außerhalb unserer Galaxie beobachtet, es gibt aber auch einen in der Milchstraße!

SUPERHELLE GALAXIEN

Die meisten stecknadelkopfgroßen Lichtpunkte, die wir am Himmel sehen, stammen von Sternen in unserer Galaxie, der Milchstraße. Manche der Lichter jedoch sind ganze Galaxien, die in den Tiefen des Weltraums liegen und superhell leuchten – tausendmal heller als unsere Galaxie. Wir nennen sie **Quasare**.

Das helle Licht stammt von Gas, das sich erhitzt, wenn es in das supermassereiche Schwarze Loch im Zentrum des Quasars gezogen wird. Die Masse dieser Schwarzen Löcher ist millionen- oder milliardenmal größer als die Masse unserer Sonne!

Der Lichtstrahl ist sogar noch heller, wenn er direkt auf die Erde gerichtet ist. Dann nennen wir ihn **Blazar**. Blazare enthalten superenergetische Teilchen, die beinahe mit Lichtgeschwindigkeit unterwegs sind.

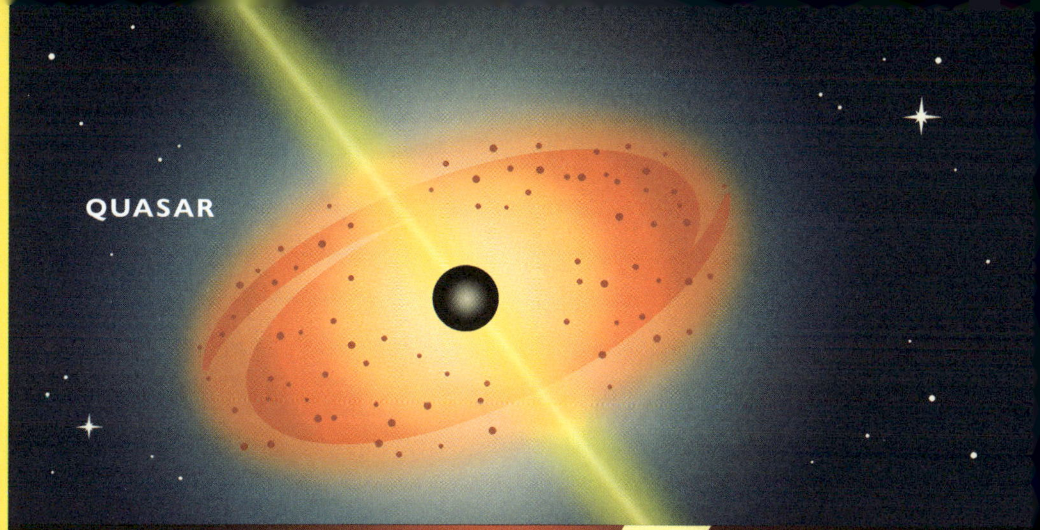

DAS DUNKLE UNIVERSUM

Wenn wir unser bisheriges Wissen über das Universum wie ein Puzzle zusammenfügen, müssen wir feststellen, dass noch viele Puzzleteile fehlen.

Dunkle Materie ist zum Beispiel etwas, das wir noch nicht verstehen: Wir können nicht erklären, was genau Galaxien zusammenhält, denn die für uns sichtbaren Sterne haben dafür nicht genug Anziehungskraft. Also müssen sie eine für uns nicht sichtbare, zusätzliche Materie enthalten. Diese Materie nennen wir **Dunkle Materie**. Wir wissen nicht, woraus sie besteht. Einige Wissenschaftlerinnen und Wissenschaftler vermuten aber, dass es sich um eine Art Teilchen handelt, das wir noch nicht entdeckt haben.

Das Universum dehnt sich immer weiter aus und wird dabei immer schneller! Das ist verwirrend, wenn man bedenkt, dass die Schwerkraft dem eigentlich entgegenwirkt, indem sie alles zusammenzieht. Wir können die Ausdehnung zwar durch Messungen belegen, aber was die treibende Kraft dahinter ist, bleibt ein großes Geheimnis, das wir noch nicht lüften konnten. Aber zumindest haben wir schon mal einen Namen dafür: **Dunkle Energie**.

Am äußeren Ende des sichtbaren Universums können wir die **kosmische Mikrowellenhintergrundstrahlung** sehen. Das ist das erste Licht, das nach dem Urknall freigesetzt wurde. Es erfüllt den gesamten Weltraum und gibt uns Hinweise über die Entstehung des Universums.

DAS ENDE DES UNIVERSUMS?

Das Universum ist vor ungefähr 13,8 Milliarden Jahren mit dem Urknall entstanden. Aber wie lange wird es noch bestehen, und wie wird es einmal enden?

Diesbezüglich gibt es einige Ideen, die aber alle völlig ungewiss sind. Wir wissen also nicht, ob sie wirklich eintreten werden, und wenn, dann sowieso erst in einigen Billionen Jahren. Wir müssen uns also keine Sorgen machen. Dennoch: Sich das alles mal genau vorzustellen, ist schon ganz lustig …

DAS GROSSE ZERREISSEN

Auch in diesem Moment ist das Universum dabei, sich auszudehnen und weit entfernte Galaxien entfernen sich immer weiter voneinander. Die Geschwindigkeit, mit der das geschieht, wird auch immer größer – Grund dafür ist die **Dunkle Energie**.

Wenn das immer so weitergeht, wird es zum sogenannten **»Großen Riss«** kommen. Das bedeutet, dass alles im Universum auseinanderfliegen wird: zuerst die Galaxien, dann andere Sterne in unserer Galaxie, dann die anderen Planeten, und ganz am Ende sogar die Atome.

DAS GROSSE EINFRIEREN

Es könnte auch sein, dass die Dunkle Energie mit der Zeit schwächer wird. Auch in diesem Fall würde sich das Universum weiter ausdehnen, aber irgendwann nicht mehr mit zunehmender Geschwindigkeit.

Mit der Zeit würden alle Sterne ausbrennen und erlöschen, alles würde ganz langsam auf frostig niedrige Temperaturen abkühlen: Das wäre der sogenannte **Wärmetod** des Universums.

DAS GROSSE ZUSAMMENKRACHEN

Vielleicht wird sich irgendwann in der Zukunft die Dunkle Energie wandeln und statt alles auseinanderzuschieben alles wieder zusammenziehen? Das würde bedeuten, dass die ganze Materie im Universum die Richtung ändern und mit einem gewaltigen Knall, dem **Big Crunch** (engl. für »das große Zusammenkrachen«), zusammenstoßen würde.

URKNALL-BABYS

Es wäre auch denkbar, dass die Dunkle Energie mit der Zeit noch stärker wird. In dem Fall würden Teilchen aus dem buchstäblichen Nichts entstehen. Und wenn die Dunkle Energie so richtig viel stärker wird, könnte es wieder zu Urknallen kommen, und überall würden neue Universen entstehen.

VAKUUM-ZERFALL

Der **Vakuum-Zerfall** ist das seltsamste Szenario. Es geht davon aus, dass das Universum instabil ist und sich deshalb einfach auflöst. Als würde man einen Strickpullover aufribbeln und wieder einen glatten Faden in den Händen halten, würde sich das Universum Teilchen für Teilchen auflösen und zu reiner Energie werden, die keine Materie mehr bilden kann.

KONSTANTE DUNKLE ENERGIE

Wir wissen nicht, welches dieser Szenarien am ehesten eintritt. Im Moment sieht es so aus, als würde die Stärke der Dunklen Energie konstant gleich bleiben. Das bedeutet, dass unser Universum einfach auseinanderdriftet, unsere und unsere benachbarten Galaxien aber durch die Schwerkraft zusammengehalten werden. Also kein Grund zur Aufregung!

GIBT ES LEBEN IM ALL?

Wissenschaftler nehmen an, dass jeder sechste Stern einen erdähnlichen Planeten in seiner Umlaufbahn hat. Es könnte also in unserer Galaxie einige Zehnmilliarden Planeten geben, auf denen Leben möglich ist. Es wurden in der Milchstraße bereits Hunderte Planeten entdeckt, die um andere Sterne kreisen – und es werden immer mehr. Teleskope halten stetig Ausschau nach erdähnlichen Planeten, und 2015 hat das Kepler-Weltraumteleskop tatsächlich einen vor die Linse bekommen: Er liegt 1402 Lichtjahre von uns entfernt und heißt Kepler-452b.

Wir leben auf einem Planeten, der einen Stern umkreist – und wenn wir ins All blicken, sehen wir viele, viele andere Sterne. Daraus ergibt sich doch die logische Frage: Gibt es irgendwo da draußen andere Lebewesen, die auf anderen Planeten andere Sterne umkreisen? Und: Falls wir Außerirdische entdecken, wie würden sie wohl aussehen?

LEBEN MIT SILIZIUM

Alles Leben auf der Erde baut zwar auf Kohlenstoffatomen auf, aber Kohlenstoff ist nicht der einzig mögliche Baustein für die Entstehung von Leben. Silizium- und Kohlenstoffatome sind sich chemisch recht ähnlich, also könnte auf anderen Planeten durchaus Silizium der Baustoff für Leben sein. Hier auf der Erde steckt Silizium beispielsweise im Sand am Strand, und wir verwenden ihn für Computerchips.

SNOTTITEN

Auf der Erde gibt es Bakterien, die Snottiten heißen, weil sie aussehen wie Schnodder (engl. snot). Sie leben in sehr säurehaltigen Umgebungen. Es wäre denkbar, dass es auf einigen Planeten Tiere gibt, die hauptsächlich aus Schwefel bestehen und denen deshalb Schwefelsäure nichts anhaben kann.

IN FÜRZEN SCHWIMMEN

Die meisten Lebewesen auf der Erde brauchen Sauerstoff zum Atmen. Es gibt aber Würmer, die Methan atmen – das ist der Hauptinhaltsstoff von Fürzen. Der Saturnmond Titan ist teilweise mit Methan bedeckt. Es wäre also möglich, dass sich in seinen Methanseen furzende Aliens tummeln.

SONNENFLÜGEL

Das winzige Bärtierchen stammt von der Erde, kann aber im Weltall ohne Schutzanzug überleben! Vielleicht gibt es da draußen ja Lebewesen, die ohne Raumschiff von einem Planeten zum anderen fliegen können – sie gleiten einfach auf riesigen Sonnenflügeln umher.

KLEIN UND STARK

Auf großen, dichten und felsigen Planeten ist die Schwerkraft viel größer, weshalb die Außerirdischen dort um einiges stärker sein müssten als hier auf der Erde, allein schon, um nicht unter ihrem eigenen Gewicht zusammenzubrechen. Darum wäre dort auch alles viel kleiner, denn Großes würde zerbrechen.

LAND DER GIGANTEN

Am anderen Ende der Skala, also auf Planeten mit viel geringerer Schwerkraft, könnten Pflanzen und Tiere sehr viel größer werden – einfach weil alles so leicht ist. Wenn dann die Atmosphäre auch noch aus dichtem Sauerstoff bestehen würde, wäre dort der Himmel wie ein Ozean auf der Erde – und gigantische außerirdische Himmelswale würden durch die Luft schwimmen.

WELTALL DER ZUKUNFT

Du musst heutzutage nicht mehr bei einer Raumfahrtbehörde arbeiten und auf wissenschaftliche Missionen gehen, um einmal ins All fliegen zu können. Vor Kurzem sind sieben Weltraumtouristen zur ISS geflogen – für etwa 25 Millionen US-Dollar pro Nase! Es gibt schon allerlei Pläne, die Preise zu senken, damit zukünftig mehr Leute ins All reisen können.

Am erschwinglichsten werden die Tickets für Reisen sein, die dich bis knapp außerhalb der Atmosphäre bringen, also nicht ganz bis in eine stabile Umlaufbahn. Aber von dort aus wirst du auch schon einen schönen Ausblick auf den Erdball haben – und du kannst das Gefühl der Schwerelosigkeit erleben. Du könntest natürlich auch ein Ticket kaufen, mit dem du in einer Rakete für ein paar Tage in die Umlaufbahn fliegst, bevor du wieder zur Erde heruntergeschossen kommst.

ZIMMERRESERVIERUNG IM WELTALL

Es gibt Pläne, kommerzielle Raumstationen im Weltraum zu installieren, in denen du wie in einem normalen Hotel ein Zimmer buchen kannst, um mal eine Woche rauszukommen. In der Schwerelosigkeit bekäme die Redewendung »Flucht vor der Last des Alltags« eine ganz neue Bedeutung! Du könntest natürlich auch auf eine deutlich längere Mars-Mission gehen, um seine Oberfläche zu erkunden und herauszufinden, ob man dort für längere Zeit leben könnte.

MODISCHE RAUMANZÜGE

Zukünftig werden Raumanzüge vermutlich hauteng anliegen und keine vollständigen Druckanzüge mehr sein. Lediglich in den Helmen wäre Luft, damit wir atmen können. Diese Anzüge wären um einiges besser zu handhaben, aber auch viel schwieriger anzuziehen.

WELTRAUMSTÄDTE

Es ist denkbar, dass zukünftig Leute in riesigen Stationen auf anderen Planeten oder Monden Ferien machen. Diese Weltraumstädte wären aus Materialien errichtet, die auf dem jeweiligen Planeten abgebaut werden. Große, mit Luft betankte Kuppeln würden die Ferienresorts vor dem im Weltraum herrschenden Vakuum schützen. So eine Megaweltraumstadt bekäme ihre Energie von der Sonne, eingefangen mit riesigen Solarmodulen. Das Essen könnte in gigantischen Treibhäusern gezüchtet werden. Anstelle von Flughäfen gäbe es Weltraumbahnhöfe, von denen aus die Leute von einem Planeten zum anderen fliegen könnten.

WELTALL DER ZUKUNFT

Irgendwann in ferner Zukunft könnte es gut sein, dass Menschen Raumschiffe nicht mehr hier auf der Erde bauen, sondern direkt im Weltall. Mit ihnen könnten sie dann zu Sternen außerhalb unseres Sonnensystems fliegen. Dafür müssen sie allerdings erst noch herausfinden, wie wir deutlich schneller reisen können, schließlich sind die anderen Sterne und Planeten wirklich weit entfernt.

Um es Menschen zu ermöglichen, zu anderen Sternen und Planeten zu gelangen, könnten sie vielleicht für ein paar Hundert Jahre in einen extrem energiesparenden Dauertiefschlaf versetzt werden. Derweil würden Roboter die Raumschiffe lenken und die Leute dann am Zielort wecken.

REISEN MIT LICHTGESCHWINDIGKEIT?

Die Raumschiffe, die wir heute haben, werden nie schneller als mit Lichtgeschwindigkeit fliegen können. Aber bereits vorher, wenn sie nur richtig, richtig schnell fliegen, würde etwas recht Seltsames passieren: Denn je schneller sie durch den Weltraum düsen, desto langsamer werden sie durch die Zeit reisen! Das hat mit der Relativitätstheorie zu tun – einem physikalischen Prinzip, das von Albert Einstein entdeckt wurde.

IN ZEITLUPE

Wenn jemand vom All aus durch die Fenster eines seeeehr schnellen Raumschiffs schauen würde, sähe es aus, als würden sich die Leute drinnen in Zeitlupe bewegen. Für die Leute im Raumschiff würde alles bei normaler Geschwindigkeit ablaufen, aber ihr Reiseziel hätten sie viel schneller erreicht. Das bedeutet, dass sich eine normalerweise 1000 Jahre dauernde Reise wie zehn Minuten anfühlen würde! Auf diese Weise könnte man bis ziemlich weit hinten in die Galaxie reisen, wenngleich das unglaublich viel Energie verbrauchen würde.

DIE KRÜMMUNG VON RAUM UND ZEIT

Mit einem Warp-Antrieb wäre das Reisen bei Überlichtgeschwindigkeit eventuell möglich. Ein Raumschiff mit diesem Antriebsmechanismus würde die Raumzeit krümmen und in einer Blase in ihrer Mitte mit bis zu zehnfacher Lichtgeschwindigkeit durchs All rasen. Leider wissen wir bis heute nicht, ob und wie ein Warp-Antrieb funktionieren könnte.

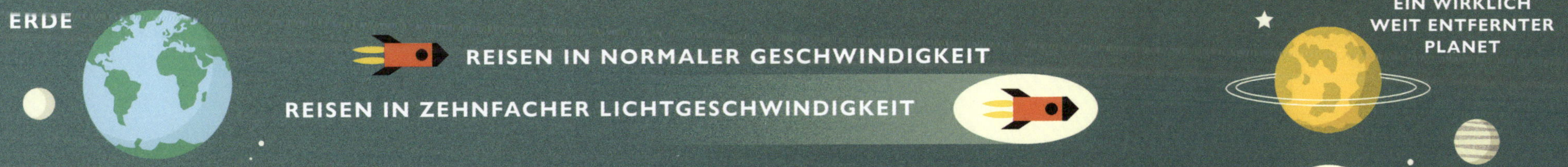

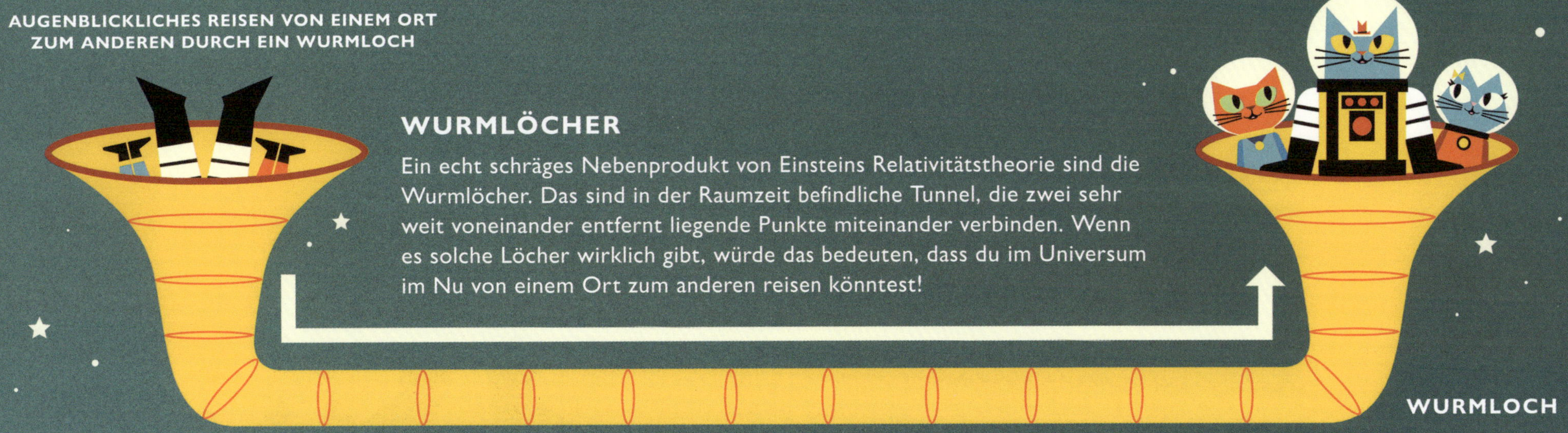

WURMLÖCHER

Ein echt schräges Nebenprodukt von Einsteins Relativitätstheorie sind die Wurmlöcher. Das sind in der Raumzeit befindliche Tunnel, die zwei sehr weit voneinander entfernt liegende Punkte miteinander verbinden. Wenn es solche Löcher wirklich gibt, würde das bedeuten, dass du im Universum im Nu von einem Ort zum anderen reisen könntest!

FAKTEN

Die wirkliche Größe des Universums ist so unermesslich, dass man sie sich kaum vorstellen kann. Würdest du zu Fuß zum Mond laufen, bräuchtest du neun Jahre – vorausgesetzt, du würdest Tag und Nacht wandern. Zur Sonne wärst du 3500 Jahre unterwegs.
Wir Menschen sind alles Sternenkinder – unsere Körper bestehen aus Atomen, die im Kern eines sterbenden Sterns entstanden sind.
Rein theoretisch wäre das Gegenteil von einem Schwarzen Loch ein Weißes Loch. Das müsste dann mit Materie und Licht nur so um sich sprühen – wie eine Fontäne.
Neil und Buzz haben einen Spiegel auf dem Mond zurückgelassen, auf den dann von der Erde aus ein Laserstrahl gerichtet wurde. So war es möglich, die Entfernung zum Mond mit verblüffender Genauigkeit zu messen.

Um zu einem Planeten oder Mond in unserem Sonnensystem zu gelangen, kannst du nicht immer einfach den geraden Weg einschlagen, denn dein Reiseziel ist ständig in Bewegung. Du musst vorher berechnen, wo sich der Planet oder Mond am Tag deiner Ankunft befinden wird, und ihn dort anpeilen – dazu braucht es eine Menge schlauer Leute und Computer.
Das Wort »Galaxie« stammt vom altgriechischen Wort »galaxias« ab und bedeutet »milchiger Kreis«. Daher hat unsere Galaxie auch ihren Namen: Milchstraße.
Früher dachten die Leute, die Erde sei der Mittelpunkt des Sonnensystems. Ein Mann namens Nikolaus Kopernikus war einer der Ersten, der erkannte, dass die Sonne ihr Mittelpunkt ist und die Erde um sie herumfliegt.
Das Universum hält noch viele Geheimnisse bereit, die aufgeklärt werden wollen. Und jede Entdeckung, die wir da draußen machen, wirft jede Menge neuer Fragen auf. Doch nun muss dein superneugieriger Weltraumkater wieder los auf Entdeckungstour! Hilfe von tapferen Astronautinnen und Wissenschaftlern kann ich dabei immer gebrauchen – behalte also den Himmel stets im Auge. Denn wer weiß, vielleicht wagst du dich dereinst in deinem Raumschiff raus ins All und hilfst mit, die Geheimnisse des weiten Universums zu ergründen!
GROSSE RÄTSEL ERWARTEN DICH!

GLOSSAR

Asteroid
Ein Objekt, das um die Sonne kreist. Die meisten Asteroiden finden sich zwischen Mars und Jupiter.

Astronaut*in oder auch Kosmonaut*in
Von einer Weltraumorganisation ausgebildete Menschen, die ins Weltall fliegen.

Atom
Ein Atom ist der Grundbaustein der Materie und besteht aus Protonen, Neutronen und Elektronen. Es gibt viele verschiedene Sorten von Atomen, die Elemente genannt werden (beispielsweise Wasserstoff, Helium und Sauerstoff).

Dichte
Eine Größe, die angibt, wie viel ein bestimmtes Volumen eines Stoffes wiegt.

Elektromagnetisches Spektrum
Bezeichnung für alle Arten von Strahlung. Dazu gehören Radiowellen, Infrarotstrahlung, sichtbares Licht, ultraviolettes Licht, Röntgenstrahlung und Gammastrahlung.

ESA
Europäische Weltraumorganisation (engl. European Space Agency)

Galaxie
Eine Ansammlung von Milliarden Sternen.

Gas
Eine lose Ansammlung von Atomen.

Helium
Das zweithäufigste Element im Universum. Es wird auch tief im Inneren der Sonne verbrannt (Kernfusion).

Hubble-Weltraumteleskop
Ein die Erde umkreisendes Teleskop, das fantastische Bilder weit entfernter Objekte im Weltraum macht.

Hyperriese
Unter diesem Begriff werden die größten und hellsten Sterne im Universum zusammengefasst.

Internationale Raumstation (ISS)
Die ISS (engl. International Space Station) umkreist die Erde. Sie ist ein wissenschaftliches Versuchslabor und wurde von vielen Ländern gemeinsam entwickelt.

Kernfusion
Wenn zwei Atomkerne zusammenstoßen und zu einem neuen Atomkern verschmelzen. Dabei wird sehr viel Energie freigesetzt.

Komet
Ein vereister Gesteinsbrocken, der einen Schweif bekommt, wenn er der Sonne nahe kommt.

Kosmische Nebel
Wolken aus Gasen und Staub, die zum Beispiel bei einer Supernova entstehen.

Lichtgeschwindigkeit
Die Geschwindigkeit, mit der sich das Licht im Vakuum des Weltalls ausbreitet.

Masse
Physikalische Eigenschaft von Materie.

Materie
Der Grundstoff, aus dem alles besteht: Planeten, Sterne, Menschen.

Meteorit
Ein Meteoroid, der so groß ist, dass er beim Eintritt in die Erdatmosphäre nicht vollständig verbrennt und auf der Erde einschlägt.

Meteoroid
Ein kleiner Himmelskörper, der beim Eintritt in die Erdatmosphäre verglüht und dabei eine Leuchterscheinung erzeugt, die wir auch Sternschnuppe oder Meteor nennen.

Molekül
Teilchen, das aus zwei oder mehr Atomen besteht.

NASA
Abkürzung für National Aeronautics and Space Administration, die Weltraumbehörde der USA. Sie hat viele Raumfahrtmissionen durchgeführt, darunter auch die Mondlandung.

Neutronenstern
Ein Stern von extremer Dichte, der bei einer Supernova entsteht.

Planet
Ein großes Objekt, das einen Stern umkreist und in dessen Umlaufbahn keine anderen Objekte mehr sind.

Planetoid
Ein auch Kleinstplanet oder Zwergplanet genanntes Objekt, das die Sonne umkreist.

Pulsar
Schnell rotierender Neutronenstern, der periodisch Radiowellen ausstrahlt.

Quasar
Ein extrem massereiches Schwarzes Loch im Kern einer weit entfernten Galaxie, das große Mengen Licht ausstrahlt.

Röntgenstrahlen
Hochenergetische elektromagnetische Strahlung, die von Sternen oder einigen anderen kosmischen Objekten abgegeben wird.

Sauerstoff
Das dritthäufigste Element im Universum. Wir Menschen brauchen es zum Atmen.

Schwarzes Loch
Ein »Loch« in Raum und Zeit, das Materie und Licht einsaugt.

Schwerelosigkeit
In der Schwerelosigkeit hält dich keine Schwerkraft am Boden, und du schwebst durch die Luft.

Schwerkraft
Auch Gravitation genannt. Die Kraft, die zwischen zwei Körpern allein aufgrund ihrer Masse wirkt.

Solarmodul
In der Raumfahrt auch Sonnensegel genannt. Wandelt Sonnenlicht in Elektrizität um.

Sonnensystem
Überbegriff für alle Planeten, Monde, Asteroiden und Kometen, die einen Stern – in unserem Fall die Sonne – umkreisen.

Space Shuttle
Wiederverwendbare Raumfähre, die von der NASA entwickelt wurde.

Supermassereiches Schwarzes Loch
Die Wissenschaft geht davon aus, dass es im Kern einer jeden Galaxie ein supermassereiches Schwarzes Loch gibt.

Supernova
Die Explosion eines Überriesen.

Temperatur
Physikalische Größe, die beschreibt, wie kalt oder warm etwas ist.

Überriese
Ein riesiger und besonders hell leuchtender Stern, dessen Masse mehr als zehnmal größer ist als die Sonne.

Wasserstoff
Das am häufigsten im Universum vorkommende Element. Es besteht aus einem Proton und einem Elektron. Die Sonne besteht hauptsächlich aus Wasserstoff und verbrennt diesen zu Helium (Kernfusion).

Das Weltall ist eine ziemlich komplexe Angelegenheit. Dieses Glossar wird dir helfen, einige der unglaublichen Fakten in diesem Buch zu verstehen – und dich daran zu erinnern!

INDEX

Wenn dir dieses Buch gefällt, kannst du Professor Astrokatz und seine Freunde auf weiteren Entdeckungsreisen begleiten!

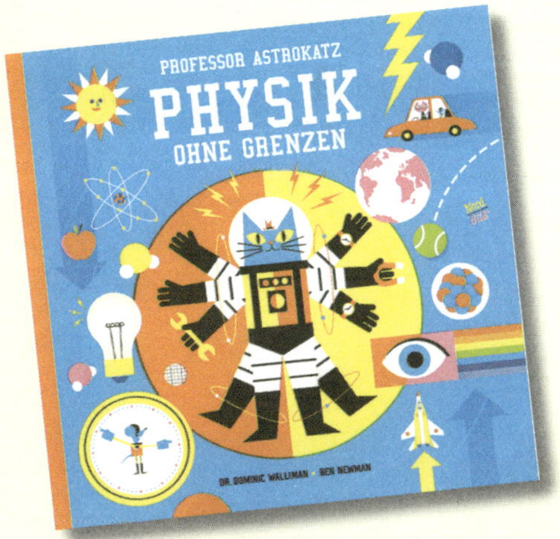

Professor Astrokatz.
Physik ohne Grenzen
ISBN: 978-3-314-10362-9

Professor Astrokatz.
Reise durch den Körper
ISBN: 978-3-314-10456-5

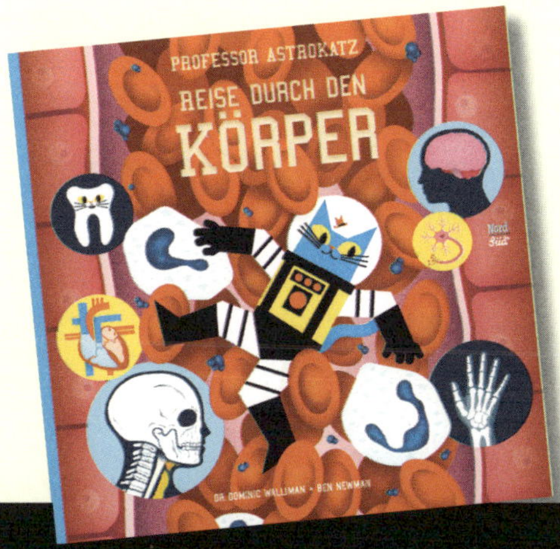

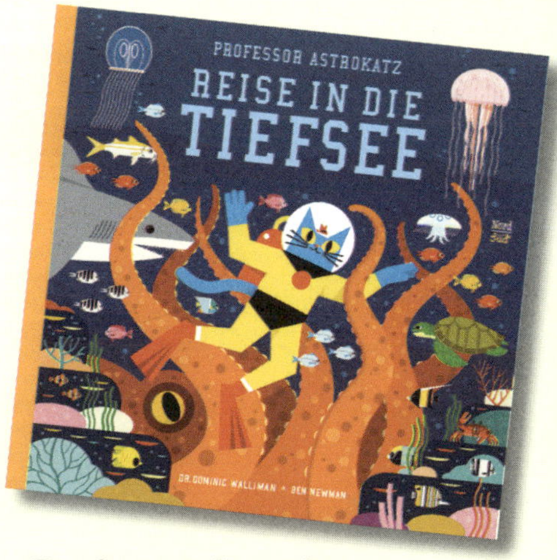

Professor Astrokatz.
Reise in die Tiefsee
ISBN: 978-3-314-10558-6

Du hast noch nicht genug vom Astrokatz-Universum?

Über diesen QR-Code gelangst du auf unsere Website. Dort findest du kreative Malvorlagen und spannende Arbeitsblätter zum Thema.